PARMÉNIDE

ou

Sur les idées

Traduction : Victor COUSIN

J'ai eu sous les yeux l'édition générale de Bekker (*Primae partis volumen secundum*), l'édition particulière de Heindorf (tome III), les deux versions latines de Ficin et d'Ast, la traduction allemande de Schleiermacher, et le commentaire de Proclus (tomes IV, V et VI de mon édition).

C'est la première fois que le *Parménide* est traduit en français [11480] . Ce dialogue demeure un des ouvrages de Platon dont il est le plus difficile de déterminer le vrai but, et de suivre le fil et l'enchaînement à travers les mille détours de la dialectique éléatique ou platonicienne. La vraie pensée de Platon est encore un problème, et le degré d'importance de ce dialogue n'est pas fixe. Est-ce seulement un grand exercice de dialectique, comme paraît le croire Schleiermacher ? ou bien est-ce en effet le sanctuaire mystérieux où se cache, derrière le voile de subtilités presque impénétrables, la théorie des idées, comme le veulent les alexandrins et Proclus leur représentant ? C'est ce que nous examinerons ailleurs. Ici nous ne sommes aux prises qu'avec les difficultés de détail que le texte peut présenter. Or, il faut le dire, depuis le commencement du XIXe siècle, ces difficultés, si grandes autrefois, ont peu à peu cédé aux travaux de Schleiermacher et de Heindorf, qui ont servi de fondement à l'édition de Bekker. Après ces maîtres habiles, à peine avons-nous trouvé quelques points de peu d'importance sur lesquels la critique pût encore s'exercer.

CÉPHALE raconte.

A notre arrivée à Athènes, de Clazomène [1150] , notre patrie, nous rencontrâmes sur la place publique Adimante et Glaucon [1151] . Adimante me dit en me prenant la main :

— Bonjour, Céphale ! Si tu as besoin ici de quelque chose qui soit en notre pouvoir, tu n'as qu'à parler.

— Mais, lui dis-je, c'est pour cela même que je suis venu ; j'ai quelque chose à vous demander.

— Parle, reprit-il.

— Quel était, lui demandai-je, le nom de votre frère maternel ? je ne m'en souviens pas ; il était encore enfant quand je vins ici pour la première fois de Clazomènes, et il y a fort longtemps. Son père s'appelait, je crois, Pyrilampe.

— Oui, me dit-il, et lui Antiphon. Mais où veux-tu en venir ?

— Voici, lui dis-je, de mes compatriotes, grands amateurs de philosophie ; ils ont entendu dire que ce même Antiphon était intimement lié avec un certain Pythodore, ami de Zénon, et qu'il se rappelait les entretiens de Socrate avec Zénon et Parménide, pour les avoir souvent entendu répéter à Pythodore.

— C'est vrai, dit il.

— Eh bien ! ces entretiens, nous désirons les entendre.

— Ce ne sera pas difficile, reprit Adimante ; car il se les est rendus familiers dès sa première jeunesse. Il est maintenant auprès de son aïeul, qui porte le même nom que lui, et il s'occupe presque exclusivement de l'éducation des chevaux. Allons le trouverai vous voulez. Il vient de partir d'Athènes pour se rendre chez lui, à Mélite, tout près d'ici. Cela dit, nous nous mîmes en route, et nous rencontrâmes Antiphon chez lui, au moment où il donnait à un ouvrier une bride à raccommoder. Celui-ci congédié, ses frères lui expliquèrent le motif de notre visite, et Antiphon me salua, me reconnaissant pour m'avoir vu à mon premier voyage. Nous le priâmes de nous répéter les entretiens de Socrate avec Zénon et Parménide : il hésita d'abord, nous assurant que c'était un grand travail ; cependant il finit par y consentir. Voici ce que nous dit alors Antiphon.

— Pythodore me raconta qu'un jour Zénon et Parménide arrivèrent à Athènes pour les grandes Panathénées. Parménide, déjà vieux et blanchi par les années (il avait près de soixante-cinq ans), était beau encore et de l'aspect le plus noble. Zénon approchait de la quarantaine : c'était un homme bien fait, d'une figure agréable, et il passait pour être très aimé de Parménide. Ils demeurèrent ensemble chez Pythodore, hors des murs, dans le Céramique ; et c'est là que Socrate vint, suivi de beaucoup d'autres personnes, entendre lire les écrits de Zénon ; car c'était la première fois que celui-ci et Parménide les avaient apportés avec eux à Athènes. Socrate était alors fort jeune. Zénon faisait lui-même la lecture, Parménide étant par hasard absent ; et il était déjà près d'achever [127d] lorsque Pythodore entra, accompagné de Parménide et d'Aristote, qui fut plus tard un des trente. Il n'entendit donc que fort peu de ce qui restait encore à lire ; mais auparavant il avait déjà entendu Zénon. Socrate ayant écouté jusqu'à la fin, invita Zénon à relire la première proposition du premier livre. Cela fait, il reprit : Comment entends-tu ceci, Zénon : si les êtres sont multiples, il faut qu'ils soient à la fois semblables et dissemblables entre eux ? Or, cela est impossible ; car ce qui est dissemblable ne peut être semblable, ni ce qui est semblable être dissemblable. N'est-ce pas là ce que tu entends ?

— C'est cela même, répondit Zénon.

— Si donc il est impossible que le dissemblable soit semblable et le semblable dissemblable, il est aussi impossible que les choses soient multiples ; car si les choses étaient multiples, il faudrait en affirmer des choses impossibles. N'est-ce pas là le but de tes raisonnements, de prouver, contre l'opinion commune, que la pluralité n'existe pas ? Ne penses-tu pas que chacun de tes raisonnements en est une preuve, et que par conséquent tu en as donné autant de preuves que tu as établi de raisonnements ? Voilà ce que tu veux dire, ou j'ai mal compris.

— Non pas, dit Zénon, tu as fort bien compris le but de mon livre.

— Je vois bien, Parménide, dit alors Socrate, que Zénon t'est attaché non seulement par les liens ordinaires de l'amitié, mais encore par ses écrits ; car il dit au fond la même chose que toi ; seulement il s'exprime en d'autres termes, et cherche à nous persuader qu'il nous dit quelque chose de différent. Toi, tu avances dans tes poèmes que tout est [128b] un, et tu en apportes de belles et de bonnes preuves ; lui, il prétend qu'il n'y a pas de pluralité, et de cela aussi il donne des preuves très nombreuses et très fortes. De la sorte, en disant, l'un que tout est un, l'autre qu'il n'y a pas de pluralité, vous avez l'air de soutenir chacun de votre côté des choses toutes différentes, tandis que vous ne dites guère que la même chose, et vous croyez nous avoir fait prendre le change à nous autres ignorants.

— Tu as raison, Socrate, répondit Zénon ; cependant tu n'as pas tout à fait saisi le vrai sens de mon livre, quoique tu saches très bien, comme les chiennes de Laconie, suivre la piste du discours. Ce que tu n'as pas compris, d'abord, c'est que je ne mets pas à cet ouvrage tant d'importance, et qu'en écrivant ce que tu dis que j'ai eu en pensée, je n'en fais pas mystère, comme si je faisais là quelque chose de bien extraordinaire. Mais tu as rencontré juste en un point : la vérité est que cet écrit est fait pour venir à l'appui du système de Parménide, contre ceux qui voudraient le tourner en ridicule [128d] en montrant que si tout était un, il s'ensuivrait une foule de conséquences absurdes et contradictoires. Mon ouvrage répond donc aux partisans de la pluralité et leur renvoie leurs objections et même au-delà, en essayant de démontrer qu'à tout bien considérer, la supposition qu'il y a de la pluralité conduit à des conséquences encore plus ridicules que la supposition que tout est un. Entraîné par l'esprit de controverse, j'avais composé cet ouvrage dans ma jeunesse, et on me le déroba avant que je me fusse demandé s'il fallait ou non le mettre au jour. Ainsi, Socrate, tu te trompais en croyant cet écrit inspiré par l'ambition d'un homme mûr, au lieu de l'attribuer au goût de dispute d'un jeune homme. Du reste, je l'ai déjà dit, tu n'as pas mal caractérisé mon ouvrage.

— Soit, répondit Socrate : je crois que les choses sont telles que tu le dis ; mais dis-moi, ne penses-tu pas qu'il existe en elle-même une idée de ressemblance, et une autre, contraire à celle-là, savoir, une idée de dissemblance, et que ces deux idées existant, toi et moi et tout ce que nous appelons plusieurs, nous en participons ; que les choses qui participent de la ressemblance, deviennent semblables en tant et pour autant qu'elles y participent, et dissemblables celles qui participent de la dissemblance, et semblables et dissemblables en même temps celles qui participent à la fois des deux idées ? Or, que tout participe de ces deux contraires et que cette double participation rende les choses à la fois semblables et dissemblables entre elles, [129b] qu'y a-t-il là d'étonnant ? Mais si l'on me montrait la ressemblance elle-même devenant dissemblable et la dissemblance semblable, voilà ce qui m'étonnerait, tandis qu'il ne me paraîtrait pas extraordinaire que, participant de ces deux idées différentes, les choses fussent aussi différemment affectées, non plus que si on me démontrait que tout est un par participation de l'unité, et multiple par participation de la multiplicité. Mais prouver que l'unité en soi est pluralité, et la pluralité en soi unité, [129c] voilà ce qui me surprendrait ; et de même, pour tout le reste, il ne faudrait pas moins s'étonner si on venait à démontrer que les genres et les espèces sont en eux-mêmes susceptibles de leurs contraires ; mais il n'y aurait rien de surprenant à ce qu'on démontrât que moi je suis à la fois un et multiple. Pour prouver que je suis multiple, il suffirait de montrer que la partie de ma personne qui est à droite diffère de celle qui est à gauche, celle qui est devant de celle qui est derrière, et de même pour celles qui sont en haut et en bas ; car, sous ce rapport, je participe, ce me semble, de la multiplicité. Et, pour prouver que je suis un, on dirait que de [129d] sept hommes ici présents j'en suis un, de sorte que je participe aussi de l'unité. L'un et l'autre serait vrai. Si donc on entreprend de prouver que des choses telles que des pierres ou du bois, sont à la fois unes et multiples, nous dirons qu'en nous montrant là une unité multiple et une multitude une, on ne nous prouve pas que l'un est le multiple et que le multiple est l'un, et qu'on ne dit rien qui étonne et que nous n'accordions tous. Mais si, comme je viens de le dire, après avoir mis à part les idées en elles-mêmes, comme la ressemblance et la dissemblance, la multiplicité et l'unité, [129e] le repos et le mouvement et toutes les autres du même genre ; si, dis-je, on venait à démontrer que les idées sont susceptibles de se mêler et de se séparer ensuite, voilà, Zénon, ce qui me surprendrait. Je reconnais la force que tu as déployée dans tes raisonnements ; mais, je te le répète, ce que j'admirerais bien davantage, ce serait qu'on pût me montrer la même contradiction impliquée dans les idées elles-mêmes, [130a] et faire pour les objets de la pensée ce que tu as fait pour les objets visibles.

Pendant que Socrate parlait ainsi, Pythodore crut, à ce qu'il me dit, que Parménide et Zénon se fâcheraient à chaque mot. Mais, au contraire, ils prêtaient une grande attention et se regardaient souvent l'un l'autre en souriant comme s'ils étaient charmés de Socrate ; ce qu'en effet, après que celui-ci eut cessé de parler, Parménide exprima en ces termes :

— Que tu es louable, Socrate, [130b] dans ton ardeur pour les recherches philosophiques ! Mais, dis-moi, distingues-tu en effet, comme tu l'as dit, d'une part les idées elles-mêmes, et de l'autre ce qui en participe, et crois-tu que la ressemblance en elle-même soit quelque chose de distinct de la ressemblance que nous possédons ; et de même pour l'unité, la multitude et tout ce que tu viens d'entendre nommer à Zénon ?

— Oui, répondit Socrate.

— Peut-être, continua Parménide, y a-t-il aussi quelque idée en soi du juste, du beau, du bon et de toutes les choses de cette sorte ?

— Assurément, reprit Socrate. [130c]

— Eh quoi ! y aurait-il aussi une idée de l'homme séparée de nous et de tous tant que nous sommes, enfin une idée en soi de l'homme, du feu ou de l'eau ?

— J'ai souvent douté, Parménide, répondit Socrate, si on en doit dire autant de toutes ces choses que des autres dont nous venons de parler.

— Es-tu dans le même doute, Socrate, pour celles-ci, qui pourraient te paraître ignobles, telles que poil, boue, ordure, enfin tout ce que tu voudras de plus abject et de plus vil ? et crois-tu qu'il faut ou non admettre pour [130d] chacune de ces choses des idées différentes de ce qui tombe sous nos sens ?

— Nullement, reprit Socrate ; ces objets n'ont rien de plus que ce que nous voyons ; leur supposer une idée serait peut-être par trop absurde. Cependant, quelquefois il m'est venu à l'esprit que toute chose pourrait bien avoir également son idée. Mais quand je tombe sur cette pensée, je me hâte de la fuir, de peur de m'aller perdre dans un abîme sans fond. Je me réfugie donc auprès de ces autres choses dont nous avons reconnu qu'il existe des idées, et je me livre tout entier à leur étude. [130e]

— C'est que tu es encore jeune, Socrate, reprit Parménide ; la philosophie ne s'est pas encore emparée de toi, comme elle le fera un jour si je ne me trompe, lorsque tu ne mépriseras plus rien de ces choses. Aujourd'hui tu regardes l'opinion des hommes à cause de, ton âge. Dis-moi, crois-tu donc qu'il y a des idées dont les choses qui en participent tirent leur dénomination ; comme, par exemple, [131a] ce qui participe de la ressemblance est semblable ; de la grandeur, grand ; de la beauté et de la justice, juste et beau ?

— Oui, dit Socrate.

— Et tout ce qui participe d'une idée, participe-t-il de l'idée entière, ou seulement d'une partie de l'idée ? ou bien y a-t-il encore une autre manière de participer d'une chose ?

— Comment cela serait-il possible, répondit Socrate.

— Eh bien ! crois-tu que l'idée soit tout entière dans chacun des objets qui en participent, tout en étant une ? ou bien quelle est ton opinion ?

— Et pourquoi l'idée n'y serait-elle pas ? repartit Socrate. [131b]

— Ainsi, l'idée une et identique serait à la fois tout entière en plusieurs choses séparées les unes des autres, et par conséquent elle serait elle-même hors d'elle-même ?

— Point du tout, reprit Socrate ; car, comme le jour, tout en étant un seul et même jour, est en même temps dans beaucoup de lieux sans être pour cela séparé de lui-même, de même chacune des idées sera en plusieurs choses à la fois sans cesser d'être une seule et même idée.

— Voilà, Socrate, une ingénieuse manière de faire que la même chose soit en plusieurs lieux à la fois ; comme si tu disais qu'une toile dont on couvrirait à la fois plusieurs hommes, est tout entière en plusieurs ; n'est-ce pas à peu près ce que tu veux dire ? [131c]

— Peut-être.

— La toile serait-elle donc tout entière au-dessus de chacun, ou bien seulement une partie ?

— Une partie.

— Donc, Socrate, les idées sont elles-mêmes divisibles, et les objets qui participent des idées ne participent que d'une partie de chacune, et chacune n'est pas tout entière en chacun, mais seulement une partie.

— Cela paraît clair.

— Voudras-tu donc dire, Socrate, que l'idée qui est une, se divise en effet et qu'elle n'en reste pas moins une ?

— Point du tout.

— En effet, si tu divises, par exemple, la grandeur en soi, et que tu dises que chacune [131d] des choses qui sont grandes, est grande par une partie de la grandeur plus petite que la grandeur elle-même, ne sera-ce pas une absurdité manifeste ?

— Sans doute.

— Eh quoi ! un objet quelconque qui ne participerait que d'une petite partie de l'égalité, pourrait-il par cette petite chose, moindre que l'égalité elle-même, être égal à une autre chose ?

— C'est impossible.

— Si quelqu'un de nous avait en lui une partie de la petitesse, comme la petitesse elle-même sera naturellement plus grande que sa partie ; ce qui est le petit en soi ne serait-il pas plus grand, tandis que la chose à laquelle s'ajoute [131e] ce qu'on lui enlève, en sera plus petite et non plus grande qu'auparavant ?

— C'est impossible, reprit Socrate.

— Mais enfin, Socrate, de quelle manière veux-tu que les choses participent des idées, puisqu'elles ne peuvent participer ni de leurs parties ni de leur totalité ?

— Par Jupiter, répondit Socrate, cette question ne me paraît pas facile à résoudre.

— Que penseras-tu maintenant de ceci ?

— Voyons. [132a]

— Si je ne me trompe, toute idée te paraît être une, par cette raison : lorsque plusieurs objets te paraissent grands, si tu les regardes tous à la fois, il te semble qu'il y a en tous un seul et même caractère, d'où tu infères que la grandeur est une.

— C'est vrai, dit Socrate.

— Mais quoi ! si tu embrasses à la fois dans ta pensée la grandeur elle-même avec les objets grands, ne vois-tu pas apparaître encore une autre grandeur avec un seul et même caractère qui fait que toutes ces choses paraissent grandes ?

— Il semble.

— Ainsi, au-dessus de la grandeur et des objets qui en participent, il s'élève une autre idée [132b] de grandeur ; et au-dessus de tout cela ensemble une autre idée encore, qui fait que tout cela est grand, et tu n'auras plus dans chaque idée une unité, mais une multitude infinie.

— Mais, Parménide, reprit Socrate, peut-être chacune de ces idées n'est-elle qu'une pensée qui ne peut exister ailleurs que dans l'âme. Dans ce cas, chaque idée serait une et indivisible, et tu ne pourrais plus lui appliquer ce que tu viens de dire.

— Comment ! chaque pensée serait-elle une, sans que ce fût la pensée de rien ?

— C'est impossible.

— Ce serait donc la pensée de quelque chose ?

— Oui. [132c]

— De quelque chose qui est, ou qui n'est pas ?

— De quelque chose qui est.

— N'est-ce pas la pensée d'une certaine chose une que cette même pensée pense d'une multitude de choses comme une forme qui leur est commune ?

— Oui.

— Mais ce qui est ainsi pensé comme étant un, ne serait-ce pas précisément l'idée toujours une et identique à elle-même dans toutes choses ?

— Cela paraît évident.

— Eh bien donc, dit Parménide, si, comme tu le prétends, les choses en général participent des idées, n'est-il pas, nécessaire d'admettre ou que toute chose est faite de pensées et que tout pense, ou bien que tout, quoique pensée, ne pense pas ?

— Mais cela n'a pas de sens, Parménide ! [132d] Voici plutôt ce qui en est selon moi : Les idées sont naturellement comme des modèles ; les autres objets leur ressemblent et sont des copies, et par la participation des choses aux idées il ne faut entendre que la ressemblance.

— Lors donc, reprit Parménide, qu'une chose ressemble à l'idée, est-il possible que cette idée ne soit pas semblable à sa copie dans la mesure même où celle-ci lui ressemble ? Ou y a-t-il quelque moyen de faire que le semblable ressemble au dissemblable ?

— Il n'y en a point.

— N'est-il pas de toute nécessité que le semblable participe [132e] de la même idée que son semblable ?

— Oui.

— Et ce par quoi les semblables deviennent semblables en y participant, n'est-ce pas cette idée ?

— Assurément.

— Il est donc impossible qu'une chose soit semblable à l'idée ni l'idée à une autre chose ; sinon, au-dessus de l'idée il s'élèvera encore une autre idée, [133a] et si celle-ci à son tour ressemble à quelque chose, une autre idée encore, et toujours il arrivera une nouvelle idée, s'il arrive toujours que l'idée ressemble à ce qui participe d'elle.

— Tu as raison.

— Ce n'est donc pas par la ressemblance que les choses participent des idées, et il faut chercher un autre mode de participation.

— Il semble.

— Tu vois donc, Socrate, dans quelles difficultés on tombe lorsqu'on établit des idées existant par elles-mêmes.

— Je le vois.

— Sache bien pourtant que tu n'as pas touché encore, pour ainsi dire, [133b] toute la difficulté qu'il y a à établir pour chaque être une idée différente.

— Comment donc ! reprit Socrate.

— Parmi bien d'autres difficultés, voici la plus grande : si quelqu'un disait que les idées ne pourraient pas être connues si elles étaient telles qu'elles doivent être suivant nous, on ne pourrait lui prouver qu'il se trompe, à moins qu'il n'eût beaucoup d'expérience de ces sortes de discussions, qu'il ne fût pas mal doué de la nature, et qu'il ne consentît à suivre celui qui se serait chargé de prouver ce qu'il conteste, dans des argumentations très diverses et tirées de fort loin ; [133c] autrement, on ne pourrait réfuter celui qui nierait que les idées pussent être connues.

— Pourquoi donc, Parménide ? demanda Socrate.

— Parce que toi et tous ceux qui attribuent à chaque chose particulière une certaine essence existant en soi, vous conviendrez d'abord, si je ne me trompe, qu'aucune de ces essences n'est en nous.

— En effet, reprit Socrate, comment alors pourrait-elle exister en soi ?

— Tu as raison. Ainsi, celles des idées qui sont ce qu'elles sont par leurs rapports réciproques, tiennent leur essence de leurs rapports les unes avec les autres, et non de leurs rapports avec les copies qui s'en trouvent auprès [133d] de nous, ou comme on voudra appeler ce dont nous participons et recevons par là tel ou tel nom ; et, à leur tour, les copies qui ont les mêmes noms que les idées existent. par leurs rapports entre elles, et non avec les idées qui portent ces noms.

— Comment entends-tu cela ? reprit Socrate.

— Supposé que quelqu'un d'entre nous soit le maître ou l'esclave d'un autre, il ne sera pas l'esclave [133e] du maître en soi ou de l'idée du maître, ni le maître de l'esclave en soi ; homme, il sera le maître ou l'esclave d'un homme. De même, c'est la domination en soi qui est la domination par rapport à l'esclavage en soi, et l'esclavage en soi par rapport à la domination en soi. Ce qui est en nous ne se rapporte pas aux idées, ni les idées à nous ; mais, je le répète, les idées se rapportent les unes aux autres, [134a] et les choses sensibles les unes aux autres. Comprends-tu ce que je dis ?

— Parfaitement, reprit Socrate.

— La science en soi est donc la science de la vérité en soi ?

— Oui.

— Chaque science en soi serait donc aussi la science d'un être en soi ?

— Oui.

— Et la science qui est parmi nous ne sera-t-elle pas la science de la vérité qui est parmi nous ? Et, par conséquent, chacune des sciences qui sont parmi nous [134b] ne serait-elle pas la science d'une des choses qui existent parmi nous ?

— Nécessairement.

— Mais, tu conviens que nous ne possédons pas les idées elles-mêmes, et qu'elles ne peuvent pas être parmi nous.

— Oui.

— Or, n'est-ce pas seulement par l'idée de la science qu'on connaît les idées en elles-mêmes ?

— Oui.

— Et cette idée de la science, nous ne la possédons pas ?

— Non.

— Donc, nous ne connaissons aucune idée, puisque nous n'avons pas part à la science en soi. — Il semble.

— Donc, nous ne connaissons ni le beau en soi, [134c] ni le bon en soi, ni aucune de ces choses que nous reconnaissons comme des idées existant par elles-mêmes.

— J'en ai peur.

— Mais voici quelque chose de plus grave encore.

— Quoi donc ?

— M'accorderas-tu que s'il y a une science en soi, elle doit être beaucoup plus exacte et plus parfaite que la science qui est en nous ? De même pour la beauté et pour tout le reste.

— Oui.

— Et si jamais un être peut posséder la science en soi, ne penseras-tu pas que c'est à Dieu seul, et à nul autre, que peut appartenir la science parfaite ?

— Nécessairement. [134d]

— Mais Dieu possédant la science en soi, pourra-t-il connaître ce qui est en nous ?

— Pourquoi pas ?

— Parce que nous sommes convenus, Socrate, reprit Parménide, que les idées ne se rapportent pas à ce qui est parmi nous, ni ce qui est parmi nous aux ; idées, mais les idées à elles-mêmes, et ce qui est parmi nous à ce qui est parmi nous.

— Nous en sommes convenus.

— Si donc la domination et la science parfaite appartienne aux dieux, leur domination ne s'exercera jamais sur nous, [134e] et leur science ne nous connaîtra jamais, ni nous, ni rien de ce qui nous appartient ; mais, de même que l'empire que nous possédons parmi nous ne nous donne aucun empire sur les dieux, et que notre science ne connaît rien des choses divines, de même et par la même raison ils ne peuvent, tout dieux qu'ils sont, ni être nos maîtres, ni connaître les choses humaines.

— Mais, dit Socrate, n'est-il pas trop étrange d'ôter à Dieu la connaissance ?

— C'est cependant, répondit Parménide, [135a] ce qui doit nécessairement arriver, cela et bien d'autres choses encore, s'il y a des idées des êtres subsistant en elles-mêmes et si on tente de déterminer la nature de chacune d'elles ; de sorte que celui qui entendra avancer cette doctrine, pourra soutenir, ou qu'il n'y a pas de semblables idées, ou que, s'il y en a, elles ne peuvent être connues par la nature humaine. Et cela aura tout l'air d'une difficulté sérieuse, et, comme nous le disions tout à l'heure, il sera singulièrement malaisé de convaincre d'erreur celui qui l'aura proposée. Il faudra un homme bien heureusement né pour comprendre qu'à toute chose répond un genre [135b] et une essence en soi ; et il en faudrait un plus admirable encore, pour trouver tout cela et pour l'enseigner à un autre avec les explications convenables.

— J'en conviens, Parménide, dit Socrate ; je suis tout à fait de ton avis.

— Mais, cependant, reprit Parménide, si en considérant tout ce que nous venons de dire et tout ce que l'on pourrait dire encore, on venait à nier qu'il y eût des idées des êtres, et qu'on se refusât à en assigner une à chacun d'eux, on ne saurait plus où tourner sa pensée, [135c] lorsqu'on n'aurait plus pour chaque être une idée subsistant toujours la même, et, par là, on rendrait le discours absolument impossible. Il me semble que tu comprends très bien cela.

— Tu dis vrai, repartit Socrate.

— Quel parti prendras-tu donc au sujet de la philosophie ? et de quel côté te tourneras-tu, dans cette incertitude ?

— Je ne le vois point pour l'heure.

— C'est que tu entreprends, Socrate, de définir le beau, le juste, le bon [135d] et les autres idées avant d'être suffisamment exercé. Je m'en suis déjà aperçu dernièrement, lorsque je t'ai entendu t'entretenir avec Aristote, que voici. Elle est belle et divine, sache-le bien, cette ardeur qui t'anime pour les discussions philosophiques. Mais essaie tes forces et exerce-toi, tandis que tu es jeune encore, à ce qui semble inutile et paraît au vulgaire un pur verbiage ; sans quoi la vérité t'échappera.

— Et en quoi consiste donc cet exercice, Parménide ?

— Zénon t'en a donné l'exemple ; [135e] seulement j'ai été charmé de t'entendre lui dire que tu voudrais voir la discussion porter non sur des objets visibles, mais sur les choses que l'on saisit par la pensée seule, et qu'on peut regarder comme des idées.

— C'est qu'en effet il me semble que dans le premier point de vue il n'est pas difficile de démontrer que les mêmes choses sont semblables et dissemblables, et susceptibles de tous les contraires.

— Très bien, répondit Parménide. Cependant, pour te mieux exercer encore, il ne faut pas te contenter de supposer l'existence de quelqu'une de ces idées dont tu parles, et d'examiner [136a] les conséquences de cette hypothèse ; il faut supposer aussi la non-existence de : cette même idée.

— Que veux-tu dire ?

— Par exemple, si tu veux reprendre l'hypothèse d'où partait Zénon, celle de l'existence de la pluralité, et examiner ce qui doit arriver tant a la pluralité elle-même relativement à elle-même et à l'unité, qu'à l'unité relativement à elle-même et à la pluralité ; de même aussi il te faudra considérer, ce qui arriverait s'il n'y avait point de pluralité ; à l'unité et à la pluralité, chacune relativement à elle-même [136b] et relativement à son contraire. Tu pourras pareillement supposer tour à tour l'existence et la non-existence de la ressemblance, et examiner ce qui doit arriver dans l'une et l'autre hypothèse, tant aux idées que tu auras supposées être ou ne pas être, qu'aux autres idées, les unes et les autres par rapport à elles-mêmes et par rapport les unes aux autres. Et de même pour le dissemblable, le mouvement et le repos, la naissance et la mort, l'être et le non-être eux-mêmes. En un mot, pour toute chose que tu pourras supposer être ou ne pas être ou considérer comme affectée de tout autre attribut, [136c] il faut examiner ce qui lui arrivera, soit par rapport à elle-même, soit par rapport à toute autre chose qu'il te plaira de lui comparer, ou par rapport à plusieurs choses, ou par rapport à tout ; puis examiner à leur tour les autres choses, et par rapport à elles-mêmes et par rapport à toute autre dont tu voudras de préférence supposer l'existence ou la non-existence : voilà ce qu'il te faut faire si tu veux t'exercer complètement, afin de te rendre capable de discerner clairement la vérité.

— Tu me parles-là, Parménide, dit Socrate, d'un travail bien ardu ; au reste, je ne comprends pas encore très bien, Mais pourquoi n'entreprends-tu pas toi-même de développer les conséquences de quelque hypothèse, afin que je t'entende mieux ? [136d]

— Tu me demandes, Socrate, une entreprise pénible à mon âge.

— Et toi, Zénon, reprit Socrate, pourquoi ne te charges-tu pas toi-même de développer quelque hypothèse ?

— Alors Zénon dit en riant : Socrate, prions-en Parménide lui-même. Ce n'est pas une petite affaire que cet exercice dont il parle ; et peut-être ne vois-tu pas quelle tâche tu lui imposes. Si notre réunion était plus nombreuse, il ne siérait pas de lui adresser cette prière, parce qu'il n'est pas convenable, surtout pour un vieillard comme lui, de traiter de pareils sujets en présence de beaucoup de monde ; [136e] car la foule ignore qu'il est impossible d'atteindre la vérité sans ces recherches et sans ces voyages à travers toutes choses. Maintenant, Parménide, je me joins aux prières de Socrate pour t'entendre encore une fois, après si longtemps.

A ces mots, nous dit Antiphon d'après le récit de Pythodore, celui-ci, ainsi qu'Aristote et les autres, se mirent à prier Parménide de ne pas se refuser à donner un exemple de ce qu'il venait de dire.

— Allons, dit Parménide, il faut obéir, quoiqu'il m'arrive la même chose qu'au cheval d'Ibycus, [137a] vieux coursier souvent victorieux autrefois, qu'on allait encore atteler au char, et à qui son expérience faisait redouter l'événement. Le vieux poète se désignait par là lui-même pour montrer que c'était bien à contrecœur qu'à son âge il subit le joug de l'amour. Et moi aussi je tremble quand je songe, moi, vieillard, quelle foule de discussions j'ai à traverser. Cependant il faut vous complaire, puisque Zénon le veut aussi ; et du reste, nous sommes entre nous. Par où donc [137b] commencerons-nous ? Quelle hypothèse établirons-nous d'abord ? Voulez-vous, puisqu'il faut jouer ce jeu pénible, que je commence par moi et ma thèse sur l'unité, en examinant quelles seront les conséquences de l'existence ou de la non-existence de l'unité ?

— Fort bien, dit Zénon.

— Maintenant, reprit Parménide, qui est-ce qui me répondra ? Le plus jeune ? oui ; c'est celui qui élèvera le moins de difficultés, et qui me répondra le plus sincèrement ce qu'il pense ; et en même temps ses réponses ne me fatigueront pas. [137c]

— Me voilà prêt, Parménide, dit alors Aristote ; car c'est moi que tu désignes, quand tu parles du plus jeune. Ainsi, interroge-moi, je te répondrai.

— Soit. Si l'un existe, il n'est pas multiple ?

— Comment en serait-il autrement ?

— Il n'a donc pas de parties, et n'est pas un tout ?

— Eh bien !

— La partie est une partie d'un tout.

— D'accord.

— Or, le tout n'est-il pas ce dont aucune partie ne manque ?

— Évidemment.

— Donc, de l'une et de l'autre manière, comme tout et comme ayant des parties, l'un serait formé de parties ?

— Nécessairement.

— Ainsi, de l'une et de l'autre manière, [137d] l'un serait multiple et non un.

— En effet.

— Or, il faut que l'un soit un et non pas multiple.

— Il le faut.

— Si l'un est un, il ne peut donc pas être un tout, ni avoir des parties.

— Non.

— Si donc l'un n'a pas de parties, il n'aura non plus ni commencement, ni fin, ni milieu, car ce seraient là des parties.

— C'est juste.

— Le commencement et la fin sont les limites d'une chose.

— Certainement.

— L'un est donc illimité, s'il n'a ni commencement ni fin.

— Il est illimité.

— Et il n'a point de figure, [137e] puisqu'il n'est ni rond ni droit.

— Et pourquoi ?

— N'appelle-t-on pas rond ce dont les extrémités sont partout à égale distance du milieu ?

— Oui.

— Et droit, ce dont le milieu est en avant de chacune des deux extrémités ?

— Oui.

— Ainsi l'un aurait des parties et serait multiple, s'il était de figure ronde ou droite.

— Incontestablement.

— Il n'est donc ni droit [138a] ni rond, puisqu'il n'a pas de parties.

— Sans doute.

— Cela étant, il ne sera nulle part, car il ne peut être ni en lui-même ni en aucune autre chose.

— Comment cela ?

— S'il était en une autre chose que lui-même, il en serait entouré comme en cercle, et la toucherait par beaucoup d'endroits. Or, ce qui est un, indivisible, et ne participant aucunement de la forme du cercle, ne peut pas être touché en plusieurs endroits circulairement.

— C'est impossible.

— S'il est en lui-même, il s'entourera lui-même, sans être pourtant autre que lui-même, si c'est en [138b] lui-même qu'il est ; car on ne peut être en une chose qu'on n'en soit entouré

— Impossible.

— Par conséquent, ce qui entoure sera autre que ce qui est entouré ; car une seule et même chose ne peut pas faire et souffrir tout entière en même temps la même chose : l'un ne serait plus un, mais deux.

— Nécessairement.

— L'un n'est donc nulle part, et il n'est ni dans lui-même ni dans aucune autre chose.

— Non.

— Cela étant, vois s'il est possible que l'un soit en repos ou en mouvement.

— Pourquoi ?

— Parce que, s'il est en mouvement, ou [138c] il changé de lieu ou il s'altère, car il n'y a que ces deux mouvements.

— Eh bien !

— Si l'un est altéré dans sa nature, il est impossible qu'il soit encore un.

— Oui.

— Donc il ne se meut pas par altération.

— Cela est évident.

— Ce serait donc par changement de lieu ?

— Peut-être.

— Dans ce cas, ou l'un tournerait sur un même lieu en cercle autour de lui-même, ou il changerait successivement de place.

— Nécessairement.

— Or, ce qui tourne en cercle autour de soi-même doit s'appuyer sur son milieu, et avoir des parties différentes de lui-même et qui se meuvent autour du milieu ; [138d] car, comment ce qui n'a ni milieu ni parties pourrait-il se mouvoir en cercle autour de son milieu ?

— Cela ne serait pas possible.

— Mais s'il change de place, il arrive successivement dans différents lieux, et c'est de cette manière qu'il se meut.

— Dans ce cas, oui.

— Or, n'avons-nous pas vu qu'il est impossible que l'un soit contenu quelque part dans aucune chose ?

— Oui.

— Et à plus forte raison, est-il impossible qu'il vienne à entrer dans aucune chose.

— Je ne vois pas comment.

— Lorsqu'une chose arrive dans une autre, n'est-ce pas une nécessité qu'elle n'y soit pas encore tandis qu'elle arrive, et qu'elle n'en soit pas entièrement dehors, si elle y arrive déjà ?

— C'est une nécessité.

— Or, [138e] c'est ce qui ne peut arriver qu'à une chose qui ait des parties ; car il n'y a qu'une pareille chose qui puisse avoir quelque chose d'elle-même dedans et quelque chose dehors. Mais ce qui n'a pas de parties, ne peut en aucune manière se trouver à la fois tout entier ni en dehors ni en dedans d'une autre chose.

— C'est vrai.

— Mais, n'est-il pas encore bien plus impossible que ce qui n'a pas de parties et qui n'est pas un tout, arrive quelque part, soit par parties soit en totalité ?

— C'est évident.

— L'un ne change donc pas de place, ni en allant quelque part [139a] et en arrivant en quelque chose, ni en tournant en un même lieu, ni en changeant de nature.

— Il semble.

— L'un est donc absolument immobile.

— Oui.

— De plus, nous soutenons. qu'il ne peut être en rien.

— Nous le soutenons.

— Il n'est donc jamais dans le même lieu.

— Comment ?

— Parce qu'alors il demeurerait dans un lieu.

— D'accord.

— Or, il ne peut être, comme nous avons vu, ni dans lui-même ni dans rien autre.

— Oui. — L'un n'est donc jamais au même lieu.

— Il semble. [139b]

— Mais, ce qui n'est jamais dans le même lieu n'est point en repos ni ne s'arrête.

— Non.

— Donc, l'un n'est ni en repos ni en mouvement.

— Cela est manifeste.

— Il n'est donc pas non plus identique ni à un autre ni à lui-même, et il n'est pas autre non plus ni que lui-même ni qu'aucun autre.

— Comment cela ?

— S'il était autre que lui-même, il serait autre que l'un et ne serait pas un.

— C'est vrai.

— Et s'il était le même qu'un autre, il serait cet autre [139c] et ne serait plus lui-même ; en sorte que, dans ce cas aussi, il ne serait plus ce qu'il est, à savoir l'un, mais autre que l'un.

— Sans doute.

— Donc il ne peut être le même qu'un autre, ni autre que lui-même.

— Tu as raison.

— Mais il ne sera pas autre qu'un autre tant qu'il sera un ; car ce n'est pas l'un qui peut être autre que quoi que ce soit, mais bien l'autre seulement et rien autre chose.

— Bien.

— Ainsi, il ne peut pas être autre, en tant qu'il est un ; n'est-ce pas ton avis ?

— Oui.

— Or, s'il n'est pas autre par là, il ne l'est pas par lui-même ; et s'il ne l'est pas par lui-même, il ne l'est pas lui-même ; n'étant donc lui-même autre en aucune façon, il ne sera autre [139d] que rien.

— Fort bien.

— Et il ne sera pas non plus le même que lui-même.

— Comment ?

— Parce que la nature de l'un n'est pas celle du même.

— Eh bien !

— Parce que ce qui est devenu le même qu'un autre ne devient pas pour cela un.

— Comment ?

— Ce qui est devenu le même que plusieurs choses, doit être plusieurs et non pas un.

— C'est vrai.

— Mais si l'un et le même ne différaient en rien, toutes les fois qu'une chose deviendrait la même, elle deviendrait une, et ce qui deviendrait un deviendrait toujours le même.

— [139e] C'est cela.

— Si donc l'un est le même que lui-même, il ne sera pas un avec lui-même ; de sorte que, tout en étant un, il ne sera pas un.

— Mais cela est impossible.

— Donc il est impossible que l'un soit ni autre qu'un autre, ni le même que soi-même.

— Impossible.

— Ainsi l'un ne peut être ni autre, ni le même, ni qu'aucune autre chose ni que soi-même.

— Non.

— Mais l'un ne sera pas non plus semblable ni dissemblable ni à lui-même ni à un autre.

— Comment ?

— Parce que le semblable participe en quelque manière du même.

— Oui.

— Or, nous avons vu que le même est étranger par nature à l'un.

— [140a] Nous l'avons vu.

— Mais si l'un participait encore à une autre manière d'être que celle d'être un, il serait plus qu'un ; ce qui est impossible.

— Oui.

— Ainsi l'un ne peut être le même ni qu'autre chose ni que lui-même.

— Il paraîtrait.

— Donc, il ne peut être semblable ni à rien autre ni à lui-même.

— Il y a apparence.

— Mais l'un ne peut pas non plus participer de la différence ; car, de cette façon encore, il se trouverait participer de plusieurs manières d'être, et non pas seulement de l'unité.

— En effet.

— Or, ce qui participe de la différence soit envers soi-même, soit envers une autre chose, est dissemblable ou à soi-même ou à autre chose, [140b] si le semblable est ce qui participe du même.

— C'est juste.

— Par conséquent, l'un ne participant en aucune manière de la différence, n'est dissemblable en aucune manière ni à soi-même ni à aucune autre chose.

— D'accord.

— Donc, l'un n'est semblable, de même qu'il n'est dissemblable, ni à lui-même ni à rien autre.

— Cela paraît évident.

— Cela étant, il ne sera égal ni à lui-même ni à rien autre.

— Comment ?

— S'il est égal à une autre chose, il sera de même mesure que la chose à laquelle il est égal.

— Oui.

— S'il est plus grand [140c] ou plus petit, et commensurable avec les choses relativement auxquelles il est plus grand où plus petit, il contiendra plus de fois la mesure commune que celles qui sont plus petites que lui, et moins de fois que celles qui sont plus grandes.

— Oui.

— S'il n'est pas commensurable avec elles, il contiendra des mesures plus grandes ou plus petites que celles des choses plus petites ou plus grandes que lui.

— Sans doute.

— Or, n'est-il pas impossible que ce qui ne participe pas du même, ait la même mesure ou quoi que ce soit de même que quelque chose que ce soit ?

— C'est impossible.

— L'un n'est donc égal ni à lui-même ni à rien autre, s'il n'est pas de même mesure.

— Évidemment.

— Mais soit qu'il contînt plus de mesures ou des mesures plus petites ou plus grandes, autant il en contiendrait, autant il aurait de parties, [140d] et alors il ne serait plus un ; il serait autant de choses qu'il aurait de parties.

— C'est juste.

— Et s'il ne contenait qu'une seule mesure, il serait égal à la mesure ; or, nous avons vu qu'il était impossible qu'il fût égal à rien.

— Nous l'avons vu.

— Par conséquent l'un ne participant pas d'une seule mesure, ni d'un plus grand nombre, ni d'un moins grand nombre, en un mot ne participant aucunement du même, l'un, dis-je, ne sera égal ni à lui-même ni à aucune autre chose, de même qu'il ne sera ni plus grand ni plus petit que lui-même ni qu'aucune autre chose.

— Assurément. [140e]

— Mais quoi ! penses-tu que l'un puisse être plus vieux ou plus jeune, ou du même âge qu'aucune autre chose ?

— Pourquoi pas ?

— C'est que s'il a le même âge que lui-même ou que telle autre chose, il participera de l'égalité et de la ressemblance relativement au temps, et que nous avons dit que ni la ressemblance ni l'égalité ne conviennent à ce qui est un.

— Nous l'avons dit.

— Et nous avons dit aussi que l'un ne participe ni de la dissemblance ni de l'inégalité.

— Oui.

— Cela étant, comment [141a] se pourrait-il qu'il fût plus jeune ou plus vieux ou du même âge que quoi que ce soit ?

— Cela ne se peut.

— Ainsi donc, l'un ne sera ni plus jeune ni plus vieux ni du même âge que lui-même, ni qu'aucune autre chose.

— Cela est évident.

— Mais si telle est la nature de l'un, il ne peut être dans le temps ; car n'est-ce pas une nécessité que ce qui est dans le temps devienne toujours plus vieux que soi-même ?

— Cela est nécessaire.

— Et ce qui est plus vieux n'est-il pas toujours plus vieux que quelque chose de plus jeune ? — Sans doute.

— [141b] Ce qui devient plus vieux que soi-même, devient donc aussi plus jeune que soi-même, puisqu'il doit toujours y avoir quelque chose par rapport à quoi il devienne plus vieux.

— Que veux-tu dire ?

— Le voici : une chose ne peut devenir différente d'une autre qui est déjà différente d'elle ; une chose est différente d'une autre chose qui est actuellement différente d'elle ; une chose est devenue ou deviendra différente d'une chose qui est déjà devenue ou qui deviendra différente d'elle ; mais une chose n'est pas devenue, ni ne deviendra, ni n'est actuellement différente de ce qui devient différent d'elle ; elle en devient seulement différente : or plus vieux est une différence par rapport à plus jeune, [141c] et à rien autre chose.

— Oui.

— Donc, ce qui devient plus vieux que soi-même devient nécessairement en même temps plus jeune que soi-même.

— Il paraît.

— Et toute chose qui devient, qui est, qui est devenue, ou qui deviendra, devient, est, est devenue, ou deviendra dans un temps, non pas plus grande ou plus petite qu'elle-même, mais égale à elle-même.

— Cela est encore nécessaire.

— Il est donc nécessaire, à ce qu'il paraît, que tout ce qui est dans le temps, [141d] et ce qui participe de cette manière d'être, ait toujours le même âge que soi, et devienne à la fois et plus vieux et plus jeune que soi-même.

— Il y a apparence.

— Or, nous avons vu que rien de tout cela ne convient à l'un.

— Rien de tout cela.

— Il n'a donc aucun rapport avec le temps, et n'est dans aucun temps.

— Assurément ; nous venons d'en voir la démonstration.

— Mais, dis-moi, ces mots : il était, il devient, il est devenu, ne semblent-ils pas signifier, dans ce qui est devenu, une participation à un temps passé ?

— Certainement. [141e]

— Et ces autres mots : il sera, il deviendra, il sera devenu ne signifient-ils pas une participation à un temps à venir ?

— Oui.

— Et il est, il devient, une participation à un temps présent ?

— Tout à fait.

— Si donc l'un ne participe absolument d'aucun temps, il ne devient jamais, ni ne devenait, ni n'était jamais ; il n'est devenu, ni ne devient, ni n'est à présent ; il ne deviendra, ni ne sera devenu, ni ne sera jamais par la suite.

— Cela est très vrai.

— Or, peut-on participer de l'être autrement qu'en quelqu'une de ces manières ?

— Non.

— Donc, l'un ne participe aucunement de l'être.

— Selon toute apparence.

— L'un n'est donc d'aucune manière ?

— Il paraîtrait.

— Il n'est donc pas non plus tel qu'il soit un, puisque alors il serait un être, et participerait de l'être. Par conséquent, si nous devons nous fier à cette démonstration, [142a] l'un n'est pas un et n'est pas.

— Je le crains.

— Et ce qui n'est pas, peut-il y avoir quelque chose qui soit à lui ou de lui ?

— Comment serait-ce possible ?

— Il n'a donc pas de nom, et on n'en peut avoir ni idée, ni science, ni sensation, ni opinion. — Évidemment.

— Il ne peut donc être ni nommé ni exprimé ; on ne peut s'en former d'opinion ni de connaissance, et aucun être ne peut le sentir.

— Il n'y a pas d'apparence.

— Mais est-il donc possible qu'il en soit ainsi de l'un ?

— Je ne puis pas le penser. [142b] Veux-tu maintenant que nous revenions à notre supposition, pour voir si, en reprenant la chose de nouveau, nous n'obtiendrons pas d'autres résultats ?

— Très volontiers.

— Ainsi ne disons-nous pas que si l'un existe, il faut lui attribuer tout ce qui suit en lui de son existence ? N'est-ce pas cela ?

— Oui.

— Reprenons donc du commencement. Si l'un est, se peut-il qu'il soit sans participer de l'être ? Ne devons-nous pas reconnaître l'être de l'un comme n'étant pas la même chose que l'un ? Car, autrement, [142c] ce ne serait pas son être, et l'un n'en participerait pas ; mais ce serait à peu près la même chose que de dire : l'un est, ou l'un un. Or, ce que nous nous sommes proposés, c'est de rechercher ce qui arrivera, non pas dans l'hypothèse de l'unité de l'un, mais dans celle de l'existence de l'un. N'est-il pas vrai ?

— Tout à fait.

— Ainsi, nous voulons dire que est signifie autre chose que un.

— Nécessairement.

— Dire que l'un est, c'est donc dire en abrégé [142d] que l'un participe de l'être ?

— Oui.

— Disons donc encore une fois ce qui arrivera si l'un est. Examine si de notre hypothèse ainsi établie il ne suit pas que l'être est une chose qui a des parties.

— Comment ?

— Le voici. Si il est est se dit de l'un qui est, et un de l'être un, et si l'être et l'un ne sont pas la même chose, mais appartiennent également à cette chose que nous avons supposée, je veux dire l'un qui est, ne faut-il pas reconnaître dans cet un qui est, un tout, dont l'un et l'être sont les parties ?

— Il le faut.

— Appellerons-nous chacune de ces deux parties une partie simplement, ou plutôt la partie ne doit-elle pas être dite la partie d'un tout ?

— Oui, la partie d'un tout.

— Et un tout, c'est ce qui est un et qui a des parties.

— Sans doute.

— Mais quoi ! ces deux parties [142e] de l'un qui est, l'un et l'être, se séparent-elles jamais l'une de l'autre, l'un de l'être ou l'être de l'un ?

— Jamais.

— Ainsi chacune des deux parties contient encore l'autre, et la plus petite partie, être ou un, est composée de deux parties. On peut poursuivre toujours le même raisonnement ; quelque partie que l'on prenne, elle contient toujours, par la même raison, les deux parties : l'un contient toujours l'être, et l'être toujours l'un, en sorte que chacun est toujours deux [143a] et jamais un.

— Assurément.

— De cette manière, l'un qui est serait une multitude infime ?

— Il semble.

— Tournons-nous maintenant de ce côté.

— Lequel ?

— Nous disions que l'un participe de l'être, et que c'est ce qui fait qu'il est un être.

— Oui.

— Et c'est par là que l'un qui est nous est apparu comme multiple.

— Oui.

— Mais quoi ! ce même un, que nous disons qui participe de l'être, si nous le considérons seul en lui-même, séparément de ce dont il participe, nous apparaîtra-t-il comme simplement un, ou comme multiple ?

— Comme un, à ce qu'il me semble.

— [143b] Voyons. Il faut bien que son être et lui soient deux choses différentes, si l'un n'est pas l'être, mais seulement participe à l'être en tant qu'il est un.

— Il le faut.

— Or, si autre chose est l'être, autre chose l'un, ce n'est pas par son unité que l'un est autre que l'être, ni par son être que l'être est autre que l'un : c'est par l'autre et le différent qu'ils sont autres.

— Oui.

— De sorte que l'autre n'est pas la même chose que l'un ni que l'être.

— Évidemment.

— [143c] Mais quoi ! si nous prenons ensemble, soit l'être et l'autre, soit l'être et l'un, soit l'un et l'autre, comme tu l'aimeras le mieux, n'aurons-nous pas pris à chaque fois un assemblage que nous serons en droit de désigner par cette expression, tous deux ?

— Comment ?

— Le voici. Ne peut-on pas nommer l'être ?

— Oui.

— Et nommer l'un ?

— Aussi.

— Ne les nomme-t-on donc pas l'un et l'autre ?

— Oui.

— Mais lorsque je dis : l'être et l'un, ne les ai-je pas nommés tous deux ?

— Sans doute.

— Et lorsque je dis l'être et l'autre, ou l'être et l'un, ne puis-je pas également dire chaque fois tous deux ?

— Oui.

— [143d] Et ce dont on est en droit de dire tous deux, cela peut-il faire tous deux sans faire deux ?

— C'est impossible.

— Or, où il y a deux choses, est-il possible que chacune ne soit pas une ?

— Ce n'est pas possible.

— Si donc les choses que nous venons de considérer peuvent être prises deux à deux, chacune d'elles est une.

— Assurément.

— Mais si chacune est une, en ajoutant une chose quelconque à l'un quelconque de ces couples, le tout ne formerait-il pas trois ?

— Oui.

— Trois n'est-il pas impair, et deux n'est-il pas pair ?

— Oui.

— Or, là où il y a deux, [143e] n'y a-t-il pas aussi nécessairement deux fois, et où il y a trois, trois fois, s'il est vrai que le deux se compose de deux fois un, et le trois de trois fois un ?

— Nécessairement.

— Et là où il y a deux et deux fois, n'y a-t-il pas aussi nécessairement deux fois deux ? Et là où il y a trois et trois fois, trois fois trois ?

— Certainement.

— Et là où il y a trois par deux fois, et deux par trois fois, n'y a-t-il pas aussi nécessairement trois fois deux et deux fois trois ?

— Il le faut bien.

— On aura donc les nombres pairs un nombre de fois pair, [144a] les impairs un nombre de fois impair, les pairs un nombre de fois impair, les impairs un nombre de fois pair.

— Oui.

— S'il en est ainsi, ne crois-tu pas qu'il n'y a pas un nombre qui ne doive être nécessairement ?

— Fort bien.

— Donc, si l'un est, il faut nécessairement que le nombre soit aussi.

— Nécessairement.

— Et si le nombre est, il y a aussi de la pluralité et une multitude infinie d'êtres. Ou n'est-il pas vrai qu'il y aura un nombre infini et qui en même temps participe de l'être ?

— Si, cela est vrai.

— Mais si tout nombre participe de l'être, chaque partie du nombre n'en participe-t-elle pas également ?

— Oui.

[144b] — Donc, l'être est départi à tout ce qui est multiple, et aucun être, ni le plus petit, ni le plus grand, n'en est dépourvu. N'est-il même pas déraisonnable de poser une pareille question ? car, comment un être pourrait-il être dépourvu de l'être ?

— C'est impossible.

— L'être est donc partagé entre les êtres les plus petits et les plus grands, en un mot, entre tous les êtres ; il est divisé plus que toute autre chose, [144c] et il y a une infinité de parties de l'être.

— C'est cela.

— Rien n'a donc plus départies que l'être ?

— Rien.

— Parmi toutes ces parties, en est-il une qui fasse partie de l'existence sans être une partie ?

— Comment serait-ce possible ?

— Et si telle ou telle partie existe, il faut, ce me semble, que tant qu'elle existe elle soit une chose ; et il n'est pas possible qu'elle n'en soit pas une.

— Il le faut.

— L'un se trouve donc en chaque partie de l'être ; grande ou petite il n'en est aucune à laquelle il manque.

— Oui.

— Mais s'il est un, [144d] se peut-il qu'il soit tout entier en plusieurs endroits à la fois. Pensez-y bien.

— J'y pense, et je vois que cela est impossible.

— Il est donc divisé, s'il n'est pas partout tout entier ; car ce n'est qu'en se divisant qu'il peut se trouver à la fois dans toutes les parties de l'être.

— Oui.

— Mais ce qui est divisible est nécessairement autant de choses qu'il a de parties ?

— Nécessairement.

— Nous n'avons pas dit vrai tout à l'heure, en disant que l'être était distribué en une multitude de parties ; il ne peut pas être distribué en plus de parties que l'un, [144e] mais précisément en autant de parties que l'un ; car l'être ne manque jamais à l'un, ni l'un à l'être : ce sont deux choses qui vont toujours de pair.

— Cela est manifeste.

— L'un, partagé par l'être, est donc aussi plusieurs et infini en nombre.

— Évidemment.

— Ce n'est donc pas seulement l'être un qui est plusieurs, mais aussi l'un lui-même, divisé par l'être.

— Sans aucun doute.

— Et puisque les parties sont toujours les parties d'un tout, l'un sera limité en tant qu'il est un tout ; ou bien les parties ne sont-elles pas renfermées [145a] dans le tout ?

— Nécessairement.

— Mais ce qui renferme doit être une limite.

— Oui.

— L'un est donc à la fois un et plusieurs, tout et parties, limité et illimité en nombre.

— Il semble bien.

— Mais s'il est limité, n'a-t-il pas des bornes ?

— Nécessairement.

— Et s'il est un tout, n'aura-t-il pas aussi un commencement, un milieu et une fin ? ou bien un tout peut-il exister sans ces trois conditions ? et s'il vient à en manquer quelqu'une, sera-t-il encore un tout ?

— Il n'en sera plus un.

— L'un aurait donc, à ce qu'il paraît, un commencement, [145b] un milieu et une fin.

— Il les aurait.

— Or, le milieu est à égale distance des extrémités ; car autrement il ne serait pas le milieu.

— Tu as raison.

— Cela étant, l'un participerait d'une certaine forme, soit droite, soit ronde, soit mixte. — Assurément.

— Et, alors ne sera-t-il pas et en lui-même et en autre chose ?

— Comment ?

— Toutes les parties sont dans le tout, et il n'y en a aucune hors du tout.

— Oui.

— Toutes les parties sont renfermées par [145c] le tout.

— Oui.

— Et toutes les parties de l'un, prises ensemble, constituent l'un, toutes, ni plus ni moins.

— Sans contredit.

— Le tout n'est-il donc pas aussi l'un ?

— Soit.

— Or, si toutes les parties sont dans un tout, et si toutes les parties ensemble constituent l'un et le tout lui-même, et que toutes les parties soient renfermées par le tout, l'un serait renfermé par l'un, et, par conséquent, nous voyons déjà que l'un serait dans lui-même.

— Cela est clair.

— D'un autre côté, le tout n'est pas dans les parties, ni dans toutes, ni dans quelqu'une. [145d] En effet, s'il était dans toutes les parties, il faudrait bien qu'il fût dans une des parties ; car, s'il y en avait une dans laquelle il ne fût pas, il ne pourrait pas être dans toutes. Et si cette partie que nous considérons est du nombre de toutes les parties, et que le tout ne soit pas en elle, comment serait-il dans toutes ?

— D'aucune manière.

— Or, le tout ne peut pas être non plus dans quelques-unes des parties ; car, s'il était dans quelques-unes, le plus serait dans le moins, ce qui est impossible.

— Oui, impossible.

— Mais si le tout n'est ni dans un plus grand nombre de parties qu'il en renferme, ni dans une de ses parties, ni dans toutes, il faut nécessairement qu'il soit en quelque autre chose, [145e] ou qu'il ne soit nulle part.

— Nécessairement.

— N'est-il pas vrai que s'il n'était nulle part, il ne serait rien ? et, par conséquent, puisqu'il est un tout, et qu'il n'est pas en lui-même, il doit être en quelque autre chose.

— Tout à fait.

— Ainsi l'un, en tant qu'il est un tout, est en quelque chose d'autre que lui-même ; mais en tant qu'il est toutes les parties dont le tout est formé, il est en lui-même ; en sorte que l'un est nécessairement et en lui-même et en quelque chose d'autre que lui-même.

— Nécessairement.

— Étant ainsi fait, l'un ne doit-il pas être en mouvement et en repos ?

— Comment ? — Il est en repos, s'il est lui-même [146a] dans lui-même ; car, étant dans une chose et n'en sortant pas, comme il arriverait s'il était toujours en lui-même, il serait toujours dans la même chose.

— Oui.

— Or, ce qui est toujours dans la même chose est nécessairement toujours en repos.

— Sans doute.

— Au contraire, ce qui est constamment en quelque chose de différent, ne doit-il pas nécessairement n'être jamais dans le même ? Et n'étant jamais dans le même, ne doit-il pas n'être jamais en repos ; et n'étant pas en repos, ne doit-il pas être en mouvement ?

— Oui.

— Donc, l'un étant toujours et en lui-même et en autre chose, est nécessairement toujours en mouvement et toujours en repos.

— Évidemment.

— Si ce que nous avons dit jusqu'ici de l'un, est vrai, il s'ensuit encore qu'il est tout à la fois identique à lui-même et différent [146b] de lui-même, et pareillement le même et autre que les autres choses.

— Comment ?

— On peut dire ceci de toute chose à l'égard de toute autre chose : qu'elle est la même ou autre ; ou que si elle n'est ni la même ni autre qu'une certaine chose, elle est ou une partie de cette chose, ou le tout dont cette chose est une partie.

— D'accord.

— Or, l'un est-il une partie de lui-même ?

— Non.

— L'un ne peut donc pas non plus être le tout de lui-même, en étant la partie de ce tout, et par conséquent de lui-même.

— Il ne le peut pas [146c] non plus.

— L'un serait-il donc autre que l'un ?

— Non certes.

— Il ne peut pas être autre que lui-même.

— Non.

— Mais s'il n'est, par rapport à lui-même, ni autre, ni tout, ni partie, n'est-il pas nécessairement le même que lui-même ?

— Nécessairement.

— Mais quoi ! ce qui est ailleurs que lui-même, fût-il dans le même que soi-même, n'est-il pas autre que lui-même, puisqu'il est ailleurs ?

— Il me le semble.

— Or, nous avons vu qu'il en est ainsi de l'être, qu'il est à la fois en lui-même et en un autre. — Nous l'avons vu.

— Ainsi, par cette raison, l'un serait, ce semble, [146d] autre que lui-même.

— Il semble.

— Quoi donc ! si quelque chose est autre que quelque chose, cette seconde chose ne sera-t-elle pas aussi autre que la première ?

— Nécessairement.

— Mais tout ce qui n'est pas un n'est-il pas autre que l'un, et l'un à son tour autre que ce qui n'est pas un ?

— Certainement.

— L'un serait donc autre que tout le reste.

— Oui.

— Maintenant, fais attention : le même et l'autre ne sont-ils pas contraires entre eux ?

— Soit.

— Et le même se trouvera-t-il jamais dans l'autre, ou l'autre dans le même ?

— Cela ne sera jamais.

— Si donc l'autre n'est jamais dans le même, il n'y a pas un être dans lequel l'autre se trouve jamais pendant un temps ; [146e] car s'il se trouvait quelque temps en quelque chose, pendant ce temps l'autre serait compris dans le même, n'est-ce pas ?

— Oui.

— Puis donc, que l'autre n'est jamais compris dans le même, il ne sera jamais dans aucun être.

— C'est vrai.

— L'autre ne sera donc pas dans ce qui n'est pas un, ni dans ce qui est un.

— Non.

— Ce ne sera donc pas par l'autre que l'un sera autre que ce qui n'est pas un, et ce qui n'est pas un autre que l'un.

— Non.

— Mais ce n'est pas non plus par eux-mêmes que l'un et le non-un seront autres, s'ils ne participent point [147a] de l'autre.

— Sans doute.

— Or, s'ils ne sont autres ni par eux-mêmes ni par l'autre, la différence entre eux ne s'évanouira-t-elle pas ?

— Elle s'évanouira.

— D'un autre côté, ce qui n'est pas un ne participe pas de l'un ; car, autrement, il ne serait pas ce qui n'est pas un, mais plutôt il serait un.

— C'est vrai.

— Ce qui n'est pas un ne peut pas non plus être un nombre ; car avoir du nombre ne serait pas être tout à fait sans unité.

— Non, en vérité.

— Mais quoi ! ce qui n'est pas un pourrait-il former des parties de l'un ? ou plutôt ne serait-ce pas encore participer de l'un ?

— Ce serait en participer.

— Si donc l'un est absolument un, [147b] et le non-un absolument non-un, l'un ne peut être ni une partie du non-un, ni un tout dont le non-un fasse partie ; et réciproquement, le non-un ne peut former ni le tout ni les parties de l'un.

— Non.

— Or, nous avons dit que les choses qui ne sont, à l'égard les unes des autres, ni tout, ni parties, ni autres, sont les mêmes.

— Oui, nous l'avons dit.

— Dirons-nous donc aussi que l'un étant dans ce rapport avec le non-un, lui est identique ?

— Nous le dirons.

— Ainsi, à ce qu'il paraît, l'un est autre que tout et que lui-même, et le même que tout et que lui-même.

— J'ai bien peur que ce ne soit la conséquence évidente de notre déduction.

[147c]— L'un serait-il aussi semblable et dissemblable à lui-même et aux autres choses ?

— Peut-être.

— Mais, puisqu'il s'est montré autre que tout le reste, tout le reste est aussi autre que lui.

— Assurément.

— Et n'est-il pas autre que ce qui n'est pas un, précisément comme ce qui n'est pas lui est autre que lui, ni plus ni moins ?

— Certainement.

— Si ce n'est ni plus ni moins, c'est donc semblablement ?

— Oui.

— Ainsi, par cela même que l'un se trouve être autre que tout le reste, et tout le reste autre que lui, par cela même et dans la même mesure l'un se trouvera le même que tout le reste, et tout le reste le même que l'un.

— [147d] Que veux-tu dire ?

— Le voici : chaque nom, ne l'appliques-tu pas à une chose ?

— Oui.

— Eh bien ! peux-tu prononcer le même nom plusieurs fois, ou ne le peux-tu prononcer qu'une fois ?

— Plusieurs fois.

— Est-ce que, en prononçant un nom une fois, tu désignes la chose qui porte ce nom, et qu'en l'énonçant plusieurs fois, tu ne la désignes pas ? ou bien ne désignes-tu pas nécessairement la même chose, soit que tu prononces le même nom une fois, ou plusieurs fois ?

— Sans doute.

— Or, le mot autre est aussi le nom de quelque chose ?

— Certainement.

— Ainsi, lorsque tu le prononces, soit une fois, soit plusieurs fois, tu ns nommes par là que la chose dont c'est le nom.

— Nécessairement.

— [147e] Quand nous disons que tout le reste est autre que l'un, et l'un autre que tout le reste, en prononçant ainsi deux fois le mot autre, il n'en est pas moins vrai que nous ne désignons par là que cette seule et unique chose dont le mot autre est le nom.

— Nul doute.

— Ainsi, en tant que l'un est autre [148a] que tout le reste, et tout le reste autre que l'un, l'un, participant au même autre que tout le reste, ne participe pas à une chose différente, mais à la même chose que tout le reste. Or, ce qui participe en quelque manière de la même chose, est semblable. N'est-il pas vrai ?

— Oui.

— Ainsi, c'est par la même raison qui fait que l'un se trouve être autre que tout le reste, que tout serait semblable à tout ; car toute chose est autre que toute chose.

— Il semble.

— Cependant le semblable est contraire au dissemblable ?

— Oui.

— Et le même contraire à l'autre ?

— Encore.

— Or, nous avons aussi vu que l'un est le même [148b] que tout le reste.

— Oui.

— Mais, être le même que tout le reste, c'est un état contraire à celui d'être autre que tout le reste.

— Assurément.

— Et nous avons vu qu'en tarit qu'autre, l'un est semblable.

— Oui.

— Donc, en tant que le même, il sera dissemblable, puisqu'il sera dans l'état contraire à celui qui fait la ressemblance ; car n'était-ce pas l'autre qui rendait semblable ?

— Oui.

— Le même rendra donc dissemblable, ou bien il ne sera pas le contraire du différent.

— [148c] Il semble.

— Donc, l'un sera semblable et dissemblable aux autres choses : semblable en tant qu'autre, dissemblable en tant que le même.

— Oui, selon toute apparence.

— Voici encore une autre conséquence.

— Laquelle ?

— En tant que l'un participe du même, il ne participe pas du différent ; en tant qu'il ne participe pas du différent, il n'est pas dissemblable ; et en tant qu'il n'est pas dissemblable, il est semblable. D'un autre côté, en tant qu'il participe du différent, il est différent, et en tant qu'il est différent, il est dissemblable.

— Tu as raison.

— Ainsi l'un, étant le même et étant autre que toutes les choses qui sont différentes de lui, leur sera, par ces deux raisons à la fois et par chacune d'elles séparément, [148d] semblable et dissemblable en même temps.

— Tout à fait.

— Mais si nous avons trouvé qu'il est à la fois le même et autre que lui-même, ne devons-nous pas trouver également qu'il est en même temps par ces deux raisons ensemble, et par chacune séparément, semblable et dissemblable à lui-même ?

— Nécessairement.

— Maintenant, l'un est-il ou n'est-il pas en contact et avec lui-même et avec les autres choses ? Penses-y bien.

— Je vais y penser.

— L'être nous est apparu comme contenu en quelque sorte dans le tout de lui-même.

— Oui.

— N'est-il donc pas aussi contenu dans les autres choses ?

— Oui.

— Eh bien, en tant qu'il est [148e] dans les autres choses, il les touchera ; en tant qu'il est dans lui-même, il lui sera impossible, il est vrai, de toucher les autres choses, mais il se touchera lui-même, s'il est en lui-même.

— C'est évident.

— De cette manière l'un se touchera lui-même et les autres choses.

— Oui.

— Eh bien, maintenant, tout ce qui doit toucher une chose ne doit-il pas se trouver immédiatement à la suite de ce qu'il doit toucher, et occuper la place qui vient après celle où se trouve ce qu'il touche ?

— Nécessairement.

— L'un aussi, s'il doit se toucher lui-même, doit donc être immédiatement à la suite de lui-même.

— Il le faut bien.

— Or, c'est ce qui ne peut arriver [149a] qu'à ce qui est entre deux et qui se trouve à la fois en deux endroits ; et tant que l'un sera un, cela lui sera interdit.

— Oui.

— C'est donc pour l'un la même nécessité de n'être pas deux et de ne pas se toucher lui-même ?

— La même.

— Mais il ne touchera pas davantage les autres choses.

— Pourquoi ?

— Parce que, comme nous venons de le dire, ce qui touche doit être en dehors et à la suite de ce qu'il touche, sans qu'il se trouve en tiers aucun intermédiaire.

— C'est vrai.

— Il faut, pour le contact, au moins deux choses.

— Oui.

— Si entre deux choses il s'en trouve une troisième à la suite de l'une et de l'autre, [149b] il y aura trois choses, mais seulement deux contacts.

— Oui.

— Et chaque fois qu'on ajoute une chose, s'ajoute un nouveau contact, et toujours il y a un contact de moins qu'il n'y a de choses qui se touchent. Car tout comme les deux premières choses qui se touchent surpassaient le nombre des contacts, [149c] de même et dans la même proportion le nombre des choses qui se touchent surpasse ensuite le nombre de contacts ; car on n'ajoute jamais pour une chose qu'un seul contact.

— Fort bien.

— Donc, quel que soit le nombre des choses, le nombre des contacts sera toujours plus petit d'une unité.

— Oui.

— Et, s'il n'y a qu'une seule chose et point de dualité, il n'y aura pas de contact.

— Comment pourrait-il y en avoir ?

— Or, nous avons dit que les choses autres que l'un ne sont pas unes, ni ne participent de l'un, dès qu'elles sont autres.

— Oui, certes.

— Donc il n'y a pas de nombre dans les autres choses dès qu'il n'y a pas en elles d'unité.

— Assurément.

— Alors les autres choses ne sont ni une, ni deux, [149d] et il n'y a aucun nom de nombre qui puisse les désigner.

— Non.

— L'un existe donc seul, et il n'y a pas de dualité.

— D'accord.

— Il n'y a donc pas de contact, puisqu'il n'y a pas de dualité.

— Non.

— Et puisqu'il n'y a pas de contact, l'un ne touche pas d'autres choses, ni les autres choses l'un.

— Non.

— De tout cela il résulte que l'un touche et ne touche pas et les autres choses et lui-même.

— Il paraît.

— L'un est donc aussi à la fois égal et inégal à lui-même et aux autres choses ?

— Comment ?

— Si l'un était plus grand ou plus petit que les autres choses, [149e] ou qu'au contraire les autres choses fussent plus grandes ou plus petites que l'un, n'est-il pas vrai que ce ne serait pas par cela seul que l'un est l'un, et que les choses différentes de l'un en sont différentes ; que ce ne serait pas, dis-je, par cela seul que l'un serait plus grand ou plus petit que les autres choses, et celles-ci plus grandes ou plus petites que l'un, mais, que si elles étaient égales, ce serait parce qu'en outre elles auraient de l'égalité et que si les choses autres que l'un avaient de la grandeur, et l'un de la petitesse, ou qu'au contraire l'un eût de la grandeur, et les autres choses de la petitesse, ce serait celle de ces deux idées qui aurait de la grandeur qui serait plus grande, et celle qui aurait de la petitesse, qui serait plus petite ?

— Nécessairement.

— N'existent-elles pas, ces deux idées de la grandeur et de la petitesse ? car si elles n'existaient pas, elles ne seraient pas contraires l'une à l'autre, [150a] et ne deviendraient pas telles dans les êtres.

— Sans doute.

— Or, si la, petitesse se trouve dans l'un, elle est ou dans sa totalité ou dans une de ses parties.

— Nécessairement.

— Mais quoi ! si elle était dans sa totalité, ne serait-elle pas ou également répandue dans la totalité de l'un, ou étendue tout autour ?

— Il est vrai.

— Mais, si elle se trouve également répandue sur l'un, ne sera-t-elle pas égale à l'un, et plus grande si elle l'environne ?

— Évidemment.

— Est-il donc possible que la petitesse soit égale à quelque chose, ou plus grande que quelque chose, et qu'elle joue le rôle de la grandeur et de l'égalité, [150b] et non pas le sien ?

— C'est impossible.

— Ainsi donc la petitesse, si elle est comprise dans l'un, n'est pas dans la totalité de l'un, et elle ne peut être que dans quelqu'une de ses parties.

— Oui.

— Elle ne peut pas être non plus dans une partie tout entière ; car alors elle se comporterait à l'égard de la partie comme à l'égard du tout, c'est-à-dire qu'elle serait égale à la partie où elle se trouverait, pu plus grande que cette partie.

— Nécessairement.

— La petitesse ne sera donc dans rien de ce qui existe, puisqu'elle n'est ni dans le tout, ni dans la partie ; et il n'y aura rien de petit que la petitesse elle-même.

— Il paraît.

— Et alors, la grandeur ne sera pas non plus en aucune chose ; car, pour renfermer la grandeur, [150c] il faudrait quelque chose de plus grand que la grandeur elle-même, et cela sans qu'il y eût rien de petit dans cette grandeur qu'il s'agit de surpasser, puisqu'elle est essentiellement grande. D'ailleurs, il ne peut pas y avoir de petitesse dans la grandeur s'il n'y a pas de petitesse en aucune chose.

— C'est vrai.

— Cependant, ce n'est que par rapport à la petitesse en soi que la grandeur en soi peut être dite plus grande, et par rapport à la grandeur en soi que la petitesse en soi peut être dite plus petite.

— Par conséquent, les autres choses ne sont ni plus grandes, ni plus petites que l'un, puisqu'elles n'ont ni grandeur ni petitesse ; [150d] la grandeur et la petitesse elles-mêmes ne peuvent ni surpasser l'un, ni en être surpassées, mais seulement se surpasser l'une l'autre, et réciproquement, si l'un n'a ni grandeur ni petitesse, il ne peut être plus grand ou plus petit ni que la grandeur en soi et la petitesse en soi ni qu'aucune autre chose.

— Cela est évident.

— Si donc l'un n'est ni plus grand, ni plus petit que les autres choses, ne s'ensuit-il pas nécessairement qu'il ne les surpasse pas et qu'il n'en est pas surpassé ?

— Nécessairement.

— Or, ce qui ne surpasse ni n'est surpassé, n'est-il pas nécessairement d'égale grandeur, et ce qui est d'égale grandeur n'est-il pas égal ?

— [150e] Sans doute.

— Il en serait donc aussi de même de l'un par rapport à lui-même ; n'ayant en lui-même ni grandeur ni petitesse, il ne sera pas surpassé par lui-même, ni ne se surpassera, mais étant avec lui-même d'égale grandeur, il sera égal à lui-même.

— Certainement.

— L'un serait donc égal et à lui-même et aux autres choses.

— Évidemment.

— Mais s'il est lui-même en lui-même, il doit aussi être en dehors et autour de lui-même, [151a] et en tant qu'il se renferme ainsi, il doit être plus grand, et en tant qu'il est renfermé en lui, plus petit que lui-même. De la sorte l'un serait plus grand et plus petit que lui-même.

— Oui, en effet.

— N'est-il pas impossible aussi qu'il y ait rien en dehors de l'un, et des choses qui sont autres que l'un ?

— Assurément.

— Or, ce qui est doit toujours être quelque part.

— Oui.

— Mais toutes les fois qu'une chose est dans une autre, n'est-ce pas un plus petit dans un plus grand ? Car il serait impossible autrement que deux choses différentes fussent. l'une dans l'autre.

— Impossible.

— Or, puisqu'il n'existe rien en dehors de l'un et des autres choses, et qu'il est pourtant nécessaire que l'un et les autres choses soient en quelque chose, ne faut-il pas que l'un et les autres choses soient mutuellement compris les uns dans les autres, les autres choses dans l'un, et l'un dans les autres choses ; [151b] car autrement l'un et les autres choses ne seraient nulle part.

— Cela est évident.

— Mais dès que l'un est dans les autres choses, celles-ci seront plus grandes que l'un, puisqu'elles le renferment, et l'un plus petit qu'elles, puisqu'il en est renfermé. D'un autre côté, dès que les autres choses sont comprises dans l'un, par la même raison l'un sera plus grand que les autres choses, et celles-ci plus petites que l'un.

— Il semble.

— L'un est donc à la fois égal à lui-même et aux autres choses, plus grand et plus petit que lui-même et que les autres choses.

— Certainement.

— Mais si l'un est plus grand, plus petit et égal, il aura des mesures égales [151c] à lui-même et aux autres choses, ou plus ou moins nombreuses ; et si des mesures, des parties aussi.

— Soit.

— Avec des mesures égales ou avec plus ou moins de mesures, il sera plus ou moins grand que lui-même et que les autres choses, ou égal en nombre aux autres choses et à lui-même par la même raison.

— Comment ?

— Pour être plus grand que telle, autre chose, il faut qu'il ait plus de mesures, et autant de mesures, autant de parties ; il en est de même pour être plus petit ou pour être égal.

— Oui.

— Par conséquent, l'un étant plus grand et plus petit que lui-même et égal à lui-même, [151d] ne sera-t-il pas d'égale mesure avec lui-même, et n'aura-t-il pas plus et moins de mesures que lui-même ? Et ce qui est vrai des mesures ne l'est-il pas des parties ?

— Oui.

— Étant donc égal à lui-même en parties, il sera égal à lui-même en nombre ; ayant plus ou moins de parties que lui-même, il sera plus et moins que lui-même en nombre.

— D'accord.

— Et n'en sera-t-il pas de même de l'un dans son rapport avec les autres choses ? Plus grand qu'elles, il sera plus qu'elles en nombre ; plus petit, il sera moins en nombre égal, il sera égal en nombre.

— Nécessairement.

— Il paraît donc [151e] que l'un est en nombre à la fois égal, supérieur et inférieur et à lui-même et aux autres choses.

— Oui.

— L'un participe-t-il aussi du temps ? est-il, devient-il plus jeune et plus vieux que lui-même et les autres choses ; ou, tout en participant du temps, n'est-il au contraire ni plus jeune ni plus vieux que lui-même et les autres choses ?

— Comment ?

— L'un est de quelque manière, s'il est un.

— Oui.

— Or, être, qu'est-ce autre chose que participer de l'existence dans le temps présent, de même [152a] que il était signifie la participation à l'existence dans le passé, et il sera, dans le temps à venir ?

— Fort bien.

— L'un participe donc du temps, s'il participe de l'être.

— Sans doute.

— Donc il participe du temps qui passe.

— Oui.

— Il devient donc toujours plus vieux que lui-même, s'il marche avec le temps.

— Nécessairement.

— Or, n'avons nous pas dit que ce qui devient plus vieux, devient plus vieux par rapport à un plus jeune ?

— Oui.

— Donc, puisque l'un devient plus vieux que lui-même, il le devient par rapport à lui-même [152b] qui devient plus jeune.

— Nécessairement.

— De cette manière il devient et plus jeune et plus vieux que lui-même.

— Oui.

— N'est-il pas plus vieux lorsqu'il est arrivé au temps présent, intermédiaire entre avoir été et devoir être ? Car, en allant du passé à l'avenir, il ne pourrait sauter par-dessus le présent.

— Non, sans doute.

— Ne cesse-t-il pas de devenir plus vieux au moment [152c] où il touche au présent, et n'est-il pas vrai qu'il ne devient plus alors, mais qu'il est plus vieux ? Car s'il avançait toujours, il ne serait jamais renfermé dans le présent. Il est dans la nature de ce qui avance, de toucher à la fois à deux choses, au présent et à l'avenir, abandonnant le présent pour poursuivre l'avenir, et venant toujours au milieu entre le présent et l'avenir.

— C'est vrai.

— Et, si ce qui devient ne peut jamais sauter par-dessus le présent, [152d] il cesse de devenir, dès qu'il est dans le présent, et il est alors ce qu'il devenait.

— C'est évident.

— Ainsi donc, l'un, en devenant plus vieux, atteint le présent ; aussitôt il cesse de devenir plus vieux ; il l'est.

— Assurément.

— Dès lors il est plus vieux que ce par rapport à quoi il devenait plus vieux ; or, cela c'était lui-même.

— Oui.

— Et le plus vieux est plus vieux qu'un plus jeune ?

— Oui. — L'un est donc aussi plus jeune que lui-même, lorsque, en devenant plus vieux, il atteint le présent.

— Nécessairement.

— Mais le présent [152e] accompagne l'un dans toute son existence, car il est toujours présentement, tant qu'il est.

— Sans doute.

— Par conséquent l'un est et devient toujours plus vieux et plus jeune que lui-même.

— Il paraît.

— Est-il ou devient-il en plus de temps que lui-même, ou dans un temps égal ?

— Dans un temps égal.

— Mais ce qui devient ou qui est dans un temps égal, a le même âge.

— Oui.

— Et ce qui a le même âge n'est ni plus vieux, ni plus jeune.

— Non.

— Par conséquent, l'un étant et devenant dans un temps égal à lui-même, n'est ni ne devient ni plus vieux ni plus jeune que lui-même.

— Je le crois.

— Peut-être devient-il ou est-il plus vieux et plus jeune que les autres choses.

— Je ne sais que répondre. [153a]

— Tu peux dire du moins que, si les choses différentes de l'un sont des choses autres, et non pas une seule chose autre, elles sont plus nombreuses que l'un ; car, si elles n'étaient qu'une chose autre, elles ne seraient qu'un ; mais puisque ce sont des choses autres, elles sont en nombre plus que l'un, et forment une multitude.

— Oui.

— Et si elles forment une multitude, elles participent d'un nombre plus grand que l'unité.

— Soit.

— Dans le nombre, qu'est-ce qui devient ou a dû devenir d'abord, le plus grand, ou] le moindre ?

— Le moindre.

— Le premier est donc ce qu'il y a de plus petit. [153b] Or, ce qu'il y a de plus petit, c'est l'un. N'est-il pas vrai ?

— Oui.

— L'un est donc né le premier entre tout ce qui a du nombre ; et toutes les autres choses ont du nombre, si elles sont des choses, et non pas une seule chose.

— Oui.

— Or, ce qui est né le premier, est, ce me semble, né avant, et les autres choses après ; et ce qui est né après est plus jeune que ce qui est né avant ; de la sorte, toutes les autres choses seraient plus jeunes que l'un, et l'un plus vieux que les autres choses.

— Oui.

— Dis-moi, l'un est-il né d'une manière [153c] contraire à sa nature, ou cela est-il impossible ?

— Cela est impossible.

— Or, nous avons vu que l'un a des parties, et que, s'il a des parties, il a aussi un commencement, une fin et un milieu.

— Oui.

— Le commencement ne naît-il pas partout le premier, dans l'un aussi bien que dans chacune des autres choses ; et après le commencement, tout le reste jusqu'à la fin ?

— Incontestablement.

— Et ce que nous venons d'appeler tout le reste, ce sont, dirons-nous, des parties du tout et de l'un ; mais l'un et le tout ne sont nés qu'avec la fin.

— Oui.

— Mais la fin naît, ce me semble, la dernière, [153d] et avec elle, l'un, suivant sa nature ; de telle sorte que, s'il n'est pas possible que l'un naisse d'une manière contraire à sa nature, naissant avec la fin, il sera dans sa nature de naître de toutes les autres choses la dernière.

— C'est évident.

— L'un est donc plus jeune que les autres choses, et les autres choses plus vieilles que l'un.

— Cela me paraît encore vrai.

— Eh bien, le commencement, ou une autre partie de l'un ou de toute autre chose, pourvu que ce soit une partie et non pas des parties, ne sera-ce pas une unité, puisque c'est une partie ?

— Nécessairement.

— De là, l'un naîtra en même temps que la première chose ; [153e] il naîtra aussi en même temps que la seconde, et il accompagnera ainsi tout ce qui naît, jusqu'à ce que, arrivé à la dernière, l'un soit né tout entier, n'ayant manqué dans sa naissance ni au milieu ni à la fin ni au commencement ni à aucune autre partie quelconque.

— C'est vrai.

— L'un a donc le même âge que les autres choses, de manière que, à moins d'être né contrairement à sa nature, il n'est né ni avant ni après les autres choses, mais en même temps qu'elles ; [154a] et par cette raison, l'un ne sera ni plus vieux ni plus jeune que les autres choses, ni les autres choses plus jeunes ou plus vieilles que l'un ; tandis que, d'après les raisons que nous avions données tout à l'heure, l'un devait être plus vieux et plus jeune que les autres choses, et les autres choses plus jeunes et plus vieilles que l'un.

— Il est vrai.

— Voilà donc comment l'un est, après qu'il est né. Mais, que dire maintenant de l'un, en tant qu'il devient plus vieux et plus jeune que les autres choses, que les autres choses deviennent plus jeunes et plus vieilles que l'un, et qu'au contraire il ne devient ni plus jeune, ni plus vieux ? En est-il du devenir comme de l'être, ou en est-il autrement ?

— Je ne sais [154b] que t'en dire.

— Pour moi, je puis dire au moins qu'une chose qui déjà est plus vieille qu'une autre, ne peut pas devenir encore plus vieille, et d'une quantité différente de celle dont elle a été plus vieille dès le moment de la naissance ; et de même ce qui est plus jeune ne peut devenir plus jeune encore. Car, si à des quantités inégales on ajoute des quantités égales, soit de temps soit de toute autre chose, la différence subsiste toujours, et toujours égale à celle qui existait dès l'origine.

— Évidemment.

— Ainsi, [154c] ce qui est plus vieux ou plus jeune ne deviendra jamais plus vieux ni plus jeune que ce qui est plus jeune ou plus vieux que lui, car la différence d'âge reste toujours égale ; on est et on est né l'un plus vieux, l'autre plus jeune ; on ne le devient point.

— C'est vrai.

— Il en est donc de même de l'un ; il est et ne devient pas plus vieux ou plus jeune que les autres choses.

— Sans doute.

— Regarde maintenant si en considérant les choses de ce côté-ci, nous trouverons qu'elles deviennent plus vieilles et plus jeunes.

— De quel côté ?

— De celui par lequel l'un nous est apparu comme plus vieux que les autres choses, et celles-ci comme plus vieilles que l'un.

— Eh bien ?

— Si l'un est plus vieux que les autres choses, il à été plus longtemps [154d] qu'elles.

— Oui.

— Réfléchis encore à ceci ; si on ajoute un temps égal à un temps plus long et à un temps plus court, le plus long différera-t-il encore du plus court d'une partie égale ou d'une partie plus petite ?

— D'une partie plus petite.

— Et la différence d'âge qui distinguait d'abord l'un des autres choses, ne sera plus dans la suite ce qu'elle était d'abord ; mais, si l'un et les autres choses prennent un temps égal, la différence d'âge deviendra toujours moindre qu'auparavant, n'est-ce pas ?

— Oui.

— Et ce qui diffère d'âge [154e] par rapport à une autre chose moins qu'auparavant, ne devient-il pas plus jeune qu'auparavant, relativement à cette même chose par rapport à laquelle il était plus vieux auparavant ?

— Oui, il devient plus jeune.

— Or, si l'un devient plus jeune, les autres choses ne deviendront-elles pas, par rapport à l'un, plus vieilles qu'auparavant ?

— Assurément.

— Ce qui est plus jeune par naissance devient donc plus vieux par rapport à ce qui est né avant lui et qui est plus vieux. Sans être jamais plus vieux que lui, il devient toujours plus vieux que lui ; car celui-là gagne toujours en jeunesse par rapport à celui-ci, et celui-ci en vieillesse. [155a] Réciproquement, le plus vieux devient toujours plus jeune que le plus jeune, car ils vont en sens contraire, et par conséquent ils deviennent toujours le contraire l'un de l'autre. Le plus jeune devient plus vieux que le plus vieux, et le plus vieux plus jeune que le plus jeune ; mais il n'y aura jamais un moment où ils le soient devenus ; car, s'ils l'étaient devenus, ils ne le deviendraient plus, ils le seraient. Or, ils deviennent à présent et plus vieux et plus jeunes l'un que l'autre ; l'un devient plus jeune que les autres choses, en tant qu'il nous est apparu comme plus vieux et comme né plus tôt, tandis que les autres choses deviennent plus vieilles que l'un, en tant qu'elles sont nées plus tard. [155b] Et le même raisonnement s'applique aux autres choses par rapport à l'un, en tant qu'elles se sont présentées à nous comme plus vieilles que l'un, et nées plus tôt que lui.

— Tout cela me paraît évident.

— Par conséquent, en tant que rien ne devient ni plus jeune ni plus vieux que telle autre chose, parce que la différence évaluée en nombre reste toujours égale, l'un ne devient ni plus vieux ni plus jeune que les autres choses, et les autres choses ne deviennent ni plus vieilles ni plus jeunes que l'un. [155c] Mais en tant que les choses qui sont nées les premières diffèrent de celles qui sont nées plus tard, et celles-ci de celles-là, d'une partie de leur âge toujours différente, l'un devient toujours et plus vieux et plus jeune que les autres choses, et les autres choses à leur tour plus vieilles et plus jeunes que l'un.

— Tout à fait.

— D'après tout cela, l'un est et devient plus jeune et plus vieux que lui-même et les autres choses, et il n'est ni ne devient ni plus jeune ni plus vieux ni que lui-même ni que les autres choses.

— Incontestablement.

— Or, puisque l'un participe du temps et qu'il est susceptible [155d] de devenir plus vieux et plus jeune, ne faut-il pas aussi, pour participer du temps, qu'il participe du passé, de l'avenir et du présent ?

— Nécessairement.

— Ainsi l'un était, est et sera ; il devenait, devient et deviendra.

— Nul doute.

— Il pourra donc y avoir, il y avait, il y a et il y aura quelque chose d'appartenant à l'un, et quelque chose de l'un.

— Assurément.

— Il y aura donc aussi une science, une opinion, une sensation de l'un, s'il est vrai que présentement nous connaissions l'un de ces trois manières.

— C'est juste.

— Il y a donc aussi un nom et une définition de l'un ; [155e] on le nomme et on le définit, et en général tout ce qui convient aux autres choses de ce genre, convient aussi à l'un.

— Incontestablement. Maintenant arrivons à notre troisième point : l'un étant tel que nous l'avons montré, s'il est un et multiple, et s'il n'est ni un ni multiple, et qu'il participe du temps, n'est-il pas nécessaire qu'en tant qu'il est un, il participe quelque jour de l'être, et que, en tant qu'il n'est pas un, il n'en participe jamais ?

— C'est nécessaire.

— Lorsqu'il en participe, est-il possible qu'il n'en participe pas ; et est-il possible qu'il en participe alors qu'il n'en participe pas ?

— C'est impossible.

— C'est donc dans un certain temps qu'il participe de l'être, et dans un autre qu'il n'en participe pas ; car ce n'est que de cette manière qu'il peut participer et ne pas participer de la même chose. [156a]

— Oui.

— Il y a donc un temps où l'un prend part à l'être, et un autre où il l'abandonne ; car comment serait-il possible que tantôt on eût, tantôt on n'eût pas une même chose, si on ne la prenait et ne la laissait tour à tour ?

— Cela ne serait pas possible.

— Prendre part à l'être, n'appelles-tu pas cela naître ?

— Oui.

— Et l'abandonner, n'est-ce pas-périr ?

— Certainement.

— Dans ce cas, l'un, prenant et laissant l'être, naît [156b] et périt.

— Nécessairement.

— Or, étant un et multiple, puis naissant ! et périssant, ne périt-il pas comme multiple, lorsqu'il devient un, et comme un, lorsqu'il devient multiple ?

— Oui.

— Quand il devient un et multiple, n'est-il pas nécessaire qu'il se divise et qu'il se réunisse ? — Sans aucun doute,

— Quand il devient semblable et dissemblable, il faut qu'il ressemble et qu'il ne ressemblé pas.

— Oui.

— Et quand il devient plus grand, plus petit et égal, il faut qu'il augmente, qu'il diminue, et qu'il s'égalise ?

— Encore. [156c]

— Et lorsqu'il change du mouvement au repos et du repos au mouvement, est-il possible que ce soit dans le même temps ?

— Non, évidemment.

— Se reposer d'abord, puis se mouvoir, ou d'abord se mouvoir et se reposer ensuite, tout cela peut-il se faire sans, changement ?

— Comment serait-ce possible ?

— Il n'y a aucun temps où une chose puisse être à la fois en mouvement et en repos.

— Non.;

— Et rien ne change sans être dans le changement.

— Bien.

— Quand donc a lieu le changement ? car on ne change ni quand on est en repos, ni quand on est en mouvement, ni quand [156d] on est dans le temps.

— Certainement non.

— Ce où l'on est quand on change, n'est-ce pas cette chose étrange ?

— Laquelle ?

— L'instant. Car l'instant semble désigner le point où on change en passant d'un état à un autre. Ce n'est pas pendant le repos que se fait le changement dû repos au mouvement, ni pendant le mouvement que se fait le changement du mouvement au repos ; mais cette chose étrange qu'on appelle l'instant, se trouve au milieu entre le mouvement et le repos ; [156e] sans être dans aucun temps, et c'est dé là que part et là que se termine le changement, soit du mouvement au repos, soit du repos au mouvement.

— Il y a apparent

— Si donc l'un est en repos et en mouvement, il change de l'un à l'autre état ; car c'est la seule manière d'entrer dans l'un et dans l'autre ; mais s'il change, il change dans un instant, et quand il change, il n'est ni dans le temps, ni en mouvement, ni en repos.

— Soit.

— Maintenant, en est-il de même pour les autres changements ? Lorsque l'un change de l'être [157a] au néant, ou du néant à la naissance, est-il vrai de dire alors qu'il tient te milieu entre le mouvement et le repos, qu'il ne se trouve ni être ni ne pas être, qu'il ne naît ni ne périt ?

— Selon toute apparence.

— Par la même raison, l'un, en passant de l'un au multiple et du multiple à l'un, n'est ni un ni multiple, ne se divise ni ne se réunit, et en passant du semblable au dissemblable et du dissemblable au semblable, il ne devient ni semblable ni dissemblable, et en passant [157b] du petit au grand, de l'inégal à l'égal, et réciproquement, il n'est ni petit, ni grand, ni égal, il n'augmente, ni ne diminue, ni ne s'égalise.

— Il paraît.

— Ainsi donc, tout cela est vrai de l'un, s'il existe.

— Assurément. Voyons à présent ce qui doit arriver aux autres choses, si l'un existe.

— Voyons.

— Posons donc que l'un existe, et examinons ce qui arrivera dans cette hypothèse aux choses autres que l'un.

— Examinons.

— S'il y a d'autres choses que l'un, ces autres choses ne sont pas l'un, [157c] car, autrement, elles ne seraient pas autres que l'un.

— Certainement.

— Cependant, les autres choses ne sont pas tout à fait privées de l'un, et elles en participent en quelque manière.

— Comment ?

— Parce que les autres choses ne sont autres que si elles ont des parties ; car si elles n'avaient pas de parties, elles ne feraient absolument qu'un.

— C'est juste.

— Or, nous avons dit qu'il n'y a de parties que des parties d'un tout.

— Oui.

— Mais le tout est nécessairement l'unité formée de plusieurs choses et dont les parties sont ce que nous appelons des parties ; car chacune des parties est la partie non de plusieurs choses, mais d'un tout.

— Comment cela ?

— Si une chose faisait partie de plusieurs choses [157d] parmi lesquelles elle serait comprise elle-même, elle serait une partie d'elle-même, ce qui est impossible, et de chacune des autres choses, si elle était réellement une partie de toutes. Car s'il y en avait une dont elle ne fit pas partie, elle ferait partie de toutes, à l'exception de celle-là, et de la sorte elle ne ferait pas partie de chacune d'elles ; et si elle n'était pas une partie de chacune, elle ne le serait d'aucune ; et dans ce cas, il serait impossible qu'elle fût rien de toutes ces choses, parmi lesquelles il n'y eu aurait aucune dont elle fût ni la partie ni quoi que ce fût.

— Évidemment.

— Ainsi donc, la partie ne fait partie ni de plusieurs choses, ni de toutes, mais d'une certaine idée [157e] et d'une certaine unité que nous appelons un tout, unité parfaite, formée par la réunion de toutes les parties ensemble. Voilà ce dont fait partie ce que nous appelons partie.

— Incontestablement.

— Donc, si les autres choses ont des parties, elles participeront et du tout et de l'un.

— Assurément.

— Par conséquent, les autres choses différentes de l'un forment nécessairement un tout un et parfait, composé de parties.

— Nécessairement.

— Et il en faut dire autant de chaque partie ; chacune doit participer [158a] de l'un ; car si chacune des parties est une partie, ce mot chacun signifie sans doute ce qui est un, séparé des autres choses et existant en soi.

— Justement.

— Mais si chaque partie peut participer de l'un, évidemment c'est qu'elle est autre chose que l'un ; autrement elle n'en participerait pas, elle serait l'un lui-même ; or, rien ne peut être un que l'un lui-même.

— Non, rien.

— Ainsi le tout et la partie doivent nécessairement participer de l'un ; le premier sera un tout, dont les parties sont ce que nous appelons parties, et chacune des parties sera une partie [158b] du tout auquel elle appartient.

— En effet.

— Ainsi donc, ce qui participe de l'un ne peut. en participer qu'en étant autre que l'un.

— Sans doute.

— Or, si ce qui est autre que l'un n'était ni un, ni en plus grand nombre que l'un, ce ne serait rien du tout.

— Assurément.

— Mais, puisque ce qui participe de l'un comme partie, et de l'un comme tout, est en plus grand nombre que l'un, ne faut-il pas bien que toutes ces choses qui participent de l'unité soient infinies en nombre ?

— Comment ?

— Le voici. Lorsque les choses reçoivent l'un, ne le reçoivent-elles pas comme des choses qui ne sont pas encore l'un et qui n'en participent pas encore ?

— Évidemment. [158c]

— N'est-ce pas comme des pluralités dans lesquelles est l'un sans qu'elles soient l'un ?

— Oui, comme des pluralités.

— Eh bien, si nous voulions en enlever par la pensée la portion la plus petite qu'il soit possible, n'est-il pas nécessaire que cette portion enlevée, si elle ne participe pas de l'un, soit une pluralité et non une unité ?

— Oui, c'est, nécessaire.

— Donc, en considérant toujours de cette manière et en soi-même cette sorte d'être qui est autre que l'idée, n'y trouverons-nous pas, tant que nous y regarderons, une pluralité infinie ?

— Sans aucun doute.

— Mais lorsque [158d] chacune des parties est devenue une partie, les parties ont des limites les unes à l'égard des autres et à l'égard du tout, et le tout à l'égard des parties. — Évidemment :

— Dans les choses autres que l'un, il naît, ce semble, de leur commerce avec l'un, quelque chose de différent qui leur donne des limites les unes à l'égard des autres ; tandis que leur nature propre ne donne par elle-même qu'illimitation.

— Eh bien ?

— Ainsi les choses autres que l'un, sont, comme le tout et comme les parties, illimitées et participant de la limite.

— Tout à fait.

— [158e] Ne sont-elles pas aussi semblables et dissemblables à elles-mêmes et entre elles ?

— Comment ?

— Par cela seul qu'elles sont toutes illimitées par leur nature, elles ont toutes la même qualité.

— Assurément.

— Et par cela seul qu'elles sont toutes limitées, elles ont encore toutes la même qualité.

— Soit.

— Et, par cela même qu'elles sont à la fois limitées et illimitées, elles ont les mêmes qualités les unes que les autres, [159a] et les qualités contraires.

— Oui.

— Or, les contraires sont ce qu'il y a de plus dissemblable.

— A coup sûr.

— Donc, elles seraient semblables à elles-mêmes et les unes aux autres par rapport à ces deux qualités, et en même temps par rapport à ces deux mêmes qualités, tout ce qu'il y a de plus contraire et de plus dissemblable soit à elles, mêmes soit aux autres.

— Je le crains.

— Ainsi les autres choses sont à la fois semblables et dissemblables et à elles-mêmes et les unes aux autres.

— Oui.

— Après avoir une fois montré que les choses autres que l'un sont susceptibles à la fois de ces qualités opposées, il ne nous serait pas difficile de faire voir qu'elles sont et les mêmes et autres les unes que les autres, en mouvement et en repos, [159b] et qu'elles réunissent ainsi tous les contraires.

— Tu as raison.

— Laissons donc cela comme suffisamment éclairci, et voyons si, en supposant que l'un existe, il en sera différemment des choses autres que l'un ou s'il n'en peut être que ce que nous venons de voir.

— Volontiers.

— Reprenons donc du commencement, et exposons ce qui doit arriver, si l'un existe, aux choses autres que l'un.

— Exposons-le. L'un n'est-il pas à part des autres choses, et les autres choses à part de l'un

— Pourquoi cela ?

— Parce qu'il n'y a rien qui puisse, outre l'un et les autres choses, être autre que l'un, et autre que les choses autres que l'un. [159c] On a tout dit quand on a dit : l'un et les autres choses.

— Assurément.

— Il n'existe donc rien autre où se trouvent à la fois l'un et les autres choses ?

— Non.

— L'un et les autres choses ne sont donc jamais dans une même chose ?

— Jamais.

— Ils sont donc séparés ?

— Oui.

— Et nous sommes convenus que ce qui est véritablement un n'a pas de parties ?

— Sans doute.

— Si donc l'un est en dehors des autres choses, et sans parties, il ne peut être dans les autres choses, ni tout entier, ni par parties.

— [159d] Soit.

— Les autres choses ne participent donc de l'un en aucune manière, puisqu'elles n'en participent ni dans ses parties ni dans son tout ?

— Cela est clair.

— Les autres choses ne sont donc jamais rien d'un, et n'ont rien d'un en elles ?

— Évidemment.

— Les autres choses ne sont donc pas plusieurs ; car si elles, étaient plusieurs, chacune d'elles serait une partie du tout. Or, les choses autres que l'un ne sont ni une, ni plusieurs, ni tout, ni parties, puisqu'elles ne participent aucunement de l'un.

— C'est juste.

— Elles ne sont donc elles-mêmes ni deux, ni trois, ni ne contiennent deux ou trois en elles, [159e] s'il n'y a en elles rien de l'un.

— Fort bien. Les choses autres que l'un ne sont ni semblables ni dissemblables elles-mêmes à l'un, et il n'y a en elles ni ressemblance ni dissemblance ; car si elles étaient elles-mêmes semblables et dissemblables et avaient en elles de la ressemblance et de la dissemblance, elles auraient en elles deux idées contraires l'une à l'autre.

— C'est évident.

— Or, il est impossible que ce qui ne participe de rien participe de deux choses.

— Impossible.

— Les autres choses ne sont donc ni semblables ni dissemblables, ni l'un ni l'autre à la fois ; [160a] car si elles étaient semblables ou dissemblables, elles participeraient d'une de ces idées contraires, et de toutes les deux, si elles étaient semblables et dissemblables à la fois ; or, c'est ce que nous avons trouvé impossible.

— Il est vrai.

— Elles ne sont donc ni mêmes ni autres, ni en mouvement ni en repos ; elles ne naissent ni ne périssent ; elles ne sont ni plus grandes, ni plus petites, ni égales ; bref, elles n'ont aucune de ces qualités ; car, si elles en admettaient quelqu'une, elles participeraient de l'un, du double, du triple, de l'impair, du pair, [160b] ce que nous avons vu être impossible, dès qu'elles sont entièrement privées de l'un.

— Très vrai.

— Ainsi donc, si l'un existe, l'un est toutes choses, et il n'est plus un ni pour lui, ni pour les autres choses.

— Incontestablement.

— A la bonne heure. Après cela, ne faut-il pas examiner ce qui doit arriver si l'un n'existe pas ?

— Certainement, il le faut.

— Qu'est-ce donc que cette supposition : si l'un n'existe pas ? diffère-t-elle de celle-ci : si le non-un n'existe pas ?

— Certes elle en diffère.

— En diffère-t-elle seulement, [160c] ou plutôt cette supposition : si le non-un n'existe pas, n'est-elle pas tout le contraire de celle-ci : si l'un n'existe pas ?

— Tout le contraire.

— Mais quoi ! quand on dit : si la grandeur n'existe pas, si la petitesse n'existe pas, ni rien de cette sorte, ne désigne-t-on pas comme différente chaque chose dont on dit qu'elle n'existe pas ?

— Tout à fait.

— Eh bien ! dans le cas présent, lorsque l'on dit : si l'un n'existe pas, ne donne-t-on pas à entendre que cette chose qu'on dit ne pas être, est différente de toutes les autres ; et savons-nous quelle est cette chose dont on parle ?

— Nous le savons.

— D'abord on parle de quelque chose qui peut être connu, et ensuite de quelque chose de différent de toute autre chose, si on parle de l'un, soit [160d] qu'on lui attribue l'être ou le non-être ; car, pour dire d'une chose qu'elle n'est pas, il n'en faut pas moins connaître ce qu'elle est, et qu'elle diffère de toutes les autres. N'est-il pas vrai ?

— Nécessairement.

— Reprenons donc du commencement, et voyons ce qu'il y aura si l'un n'existe pas. D'abord, il faut qu'il y ait une connaissance de l'un, sous peine de ne pas savoir ce qu'on dit quand on dit : si l'un n'existe pas.

— Fort bien.

— Et ne faut-il pas encore que les autres choses soient différentes de lui, sans quoi on ne pourrait pas dire qu'il est lui-même autre que les autres choses ?

— Assurément.

— Outre la science, il faut donc attribuer à l'un la différence ; [160e] car ce n'est pas de la différence des autres choses que l'on parle, quand on dit que l'un est différent des autres choses, mais de sa différence à lui.

— Certainement.

— L'un qui n'existe pas participe donc du celui-là, du quelque chose, du celui-ci, et du à celui-ci, du ceux-ci, enfin de toutes les choses de cette sorte ; car, autrement on ne pourrait pas parler de l'un ni des choses différentes de l'un ; on ne pourrait dire qu'il y a quelque chose à celui-là ou de celui-là, ni qu'il est lui-même quelque chose, s'il ne participait pas de quelque chose et de tout le reste.

— C'est vrai.

— Sans doute si l'un n'existe pas, on ne peut pas dire qu'il existe. Mais rien ne l'empêche de participer [161a] de beaucoup de choses, et il faut même qu'il en participe, si c'est l'un, si c'est celui-là qui n'existe pas, et non pas autre chose. Si, au contraire, ce n'est pas l'un, si ce n'est pas celui-là qui n'existe pas, et qu'il soit question d'une autre chose, il n'est plus possible d'en dire un mot. Mais si c'est l'un, ce que nous désignons par celui-là, et non autre chose, qu'on suppose ne pas exister, il faut bien qu'il participe et de celui-là et de beaucoup d'autres choses.

— A la bonne heure.

— Il y a donc aussi en lui dissemblance par rapport aux autres choses ; car les autres choses étant différentes de l'un, doivent être aussi de nature différente.

— Oui.

— Et ce qui est de nature différente n'est-il pas divers ?

— Sans contredit.

— Et ce qui est divers, [161b] n'est-il pas dissemblable ?

— Oui.

— Et s'il y a des choses dissemblables à l'un, il est évident que ces choses dissemblables sont dissemblables à quelque chose qui leur est dissemblable.

— Oui.

— Il y a donc aussi dans l'un une dissemblance, par rapport à laquelle les autres choses lui sont dissemblables.

— C'est évident.

— Or, s'il a en lui une dissemblance à l'égard des autres choses, n'aura-t-il pas nécessairement une ressemblance avec lui-même ?

— Comment ?

— S'il y avait dans l'un de la dissemblance à l'égard de l'un, il ne pourrait pas être question d'âne chose telle que l'un, et notre hypothèse ne porterait pas sur l'un, mais sur autre chose que l'un.

— [161c] Certainement.

— Or, c'est ce qui ne doit pas être.

— Non.

— Il faut donc que l'un ait de la ressemblance avec lui-même ?

— Il le faut.

— Mais il n'est pas non plus égal aux autres choses ; car s'il leur était égal, dès lors il leur serait semblable en vertu de cette égalité ; or, l'un et l'autre est impossible, si l'un n'existe pas.

— Impossible.

— Puisqu'il n'est pas égal aux autres choses, n'est-il pas nécessaire que les autres choses ne soient pas non plus égales à lui ?

— C'est nécessaire.

— Et ce qui n'est pas égal, n'est-il pas inégal ?

— Oui.

— Et ce qui est inégal n'est-il pas inégal à l'inégal ?

— Sans contredit.

— L'un participe donc aussi de l'inégalité [161d] par rapport à laquelle les autres choses lui sont inégales.

— Il en participe.

— Or, à l'inégalité appartiennent la grandeur et la petitesse.

— Oui.

— L'un aura donc aussi de la grandeur et de la petitesse.

— Il y a apparence.

— La grandeur et la petitesse sont toujours éloignées l'une de l'autre.

— Assurément.

— Il y a donc entre elles quelque chose d'intermédiaire.

— Oui.

— Connais-tu quelque autre chose qui puisse être intermédiaire entre elles, que l'égalité ?

— Non, aucune autre que celle-là.

— Ainsi, ce qui a la grandeur et la petitesse a aussi l'égalité qui en forme l'intermédiaire.

— Évidemment.

— Il paraît donc que l'un qui n'existe pas, participe de l'égalité, de la grandeur et de la petitesse.

— [161e] Il paraît.

— Mais il faut encore qu'il participe aussi de l'être.

— Comment cela ?

— Il faut qu'il en soit de l'un comme nous disons là ; si non, nous ne dirions pas vrai en disant que l'un n'existe pas ; et si nous avons dit vrai, il est évident que nous avons dit ce qui est ; n'est-ce pas ?

— Oui.

— Mais, puisque nous prétendons avoir dit vrai, nous prétendons [162a] aussi nécessairement avoir dit ce qui est.

— Nécessairement.

— L'un est donc n'étant pas, car s'il n'est pas n'étant pas, s'il laisse arriver quelque chose de l'être dans le non-être, de non-être aussitôt il devient un être.

— Sans aucun doute.

— Il faut donc, pour ne pas être, qu'il soit attaché au non-être par l'être du non-être, de même que l'être, pour posséder parfaitement l'être, doit avoir le non-être du non-être. En effet, c'est ainsi seulement que l'être sera et que le non-être ne sera pas, l'être en participant à l'être d'être un être et au non être d'être un non-être ; [162b] car ce n'est que de cette manière qu'il sera parfaitement un être ; le non-être, au contraire, en participant au non-être de ne pas être un non être et à l'être d'être un non-être ; car ce n'est aussi que de cette manière que le non-être sera parfaitement le non-être.

— Très bien.

— Puis donc que l'être participe du non-être, et le non-être de l'être, l'un aussi, s'il n'est pas, doit nécessairement participer de l'être par rapport au non-être.

— Nécessairement.

— Nous voyons donc l'être appartenir à l'un, s'il n'est pas.

— Nous le voyons.

— Elle non-être aussi, par cela même qu'il n'est pas.

— Oui.

— Mais est-il possible qu'une chose qui est d'une certaine manière ne soit pas de cette manière sans qu'elle change de manière d'être ?

— Cela n'est pas possible.

— Ainsi, être d'une manière et être d'une autre [162c] indique toujours un changement.

— Sans doute.

— Or, le changement, c'est du mouvement ; ou bien devons-nous dire autrement ?

— C'est du mouvement.

— Mais l'un ne nous a-t-il pas paru être et n'être pas ?

— Oui.

— Il nous a donc paru être d'une manière et n'être pas de cette manière.

— Oui.

— L'un n'étant pas nous a donc paru en mouvement, puisqu'il nous a paru avoir changé de l'être au non-être.

— Il semble.

— Cependant, si l'un ne fait aucunement partie des êtres, comme en effet il n'en peut faire partie s'il n'est pas, il ne peut pas passer d'un endroit à un autre.

— Sans contredit.

— Il ne peut donc se mouvoir [162d] en changeant de lieu.

— Non.

— Mais il ne peut pas non plus tourner dans le même lieu, n'ayant pas de rapport avec le même ; car le même est un être ; or, ce qui n'est pas ne peut être dans aucun être.

— C'est impossible.

— L'un, n'étant pas, ne peut donc pas tourner en quelque chose où il n'est pas.

— Non.

— Cependant, l'un ne change pas non plus en s'altérant, ni s'il est, ni s'il n'est pas ; car, il ne pourrait être question de l'un s'il changeait de nature, mais d'autre chose.

— C'est juste.

— Or, s'il ne s'altère pas, ni ne tourne pas dans un même lieu, ni ne change pas de lieu, [162e] pourra-t-il encore être en mouvement ?

— Non, sans doute.

— Mais ce qui n'est pas en mouvement reste nécessairement tranquille, et ce qui reste tranquille est en repos.

— Nécessairement.

— Donc, l'un, en tant qu'il n'est pas, est, à ce qu'il paraît, et en repos et en mouvement.

— Oui.

— Mais s'il est en mouvement, il faut absolument qu'il subisse une altération ; [163a] car autant une chose se meut, autant elle s'éloigne de sa première manière d'être, pour en prendre une autre.

— Oui.

— Ainsi, si l'un change, il s'altère.

— Oui.

— Mais s'il n'était aucunement en mouvement, il ne s'altérerait en aucune façon.

— Il est vrai.

— Par conséquent, en tant que l'un n'étant pas se meut, il s'altère ; et en tant qu'il ne se meut pas, il ne s'altère pas.

— Oui.

— Donc, l'un n'étant pas s'altère et ne s'altère pas.

— Non.

— Mais ce qui s'altère ne doit-il pas devenir autre qu'il n'était d'abord, et périr [163b] par rapport à sa première manière d'être ? Et ce qui ne, change pas, ne doit-il pas ne pas naître ni ne pas périr ?

— Nécessairement.

— Donc, l'un n'étant pas, en tant qu'il s'altère, naît et périt ; et il ne naît ni ne périt, en tant qu'il ne s'altère pas. Et, de cette manière, l'un n'étant pas, naît et périt, de même qu'il ne naît ni ne périt.

— Il en faut convenir.

— Revenons encore une fois au commencement, pour voir si les choses nous paraîtront encore telles qu'elles nous paraissent en ce moment, ou si elles nous paraîtront autres.

— Voyons.

— Si l'un n'est pas, [163c] disions-nous, qu'arrivera-t-il de l'un ?

— Oui, c'est ce que nous demandions.

— Par n'est pas, voulons-nous indiquer autre chose sinon que l'être manque à ce que nous disons ne pas être ?

— Pas autre chose.

— Quand nous disons qu'une chose n'est pas, voulons-nous dire qu'en un sens elle n'est pas, et qu'elle est en un autre ; ou bien ce n'est pas exprimet-il sans restriction que ce qui n'est pas n'est absolument pas, et ne participe en rien de l'être ?

— Oui, sans aucune restriction.

— Ainsi, ce qui n'est pas ne peut être, [163d] ni participer de l'être en aucune manière.

— En aucune manière.

— Et naître et périr, est-ce autre chose que recevoir l'être et perdre l'être ?

— Pas autre chose.

— Or, ce qui ne participe pas de l'être ne peut ni le recevoir ni le perdre.

— D'accord.

— Donc l'un, n'étant en aucune manière ne peut aucunement posséder ni abandonner l'être ni en participer.

— Naturellement.

— Donc l'un, qui n'est pas, ne périt ni ne naît, puisqu'il ne participe aucunement de l'être.

— Évidemment.

— [163e] Donc il ne s'altère aucunement, car s'il s'altérait, il naîtrait et périrait par cela même.

— C'est vrai.

— Et s'il ne s'altère pas, ne s'ensuit-il pas nécessairement qu'il ne se meut pas ?

— Nécessairement.

— Nous ne dirons pas non plus que ce qui n'est en aucune manière, soit en repos, car ce qui est en repos doit toujours être le même dans le même lieu.

— Sans contredit.

— Répétons donc que ce qui n'est pas n'est ni en repos ni en mouvement.

— Oui.

— Il n'aura non plus rien de ce qui est, car s'il participait [164a] de quelque chose qui fût, il participerait de l'être.

— C'est évident.

— Donc il n'a ni grandeur, ni petitesse, ni égalité.

— Non.

— Ni ressemblance, ni différence, soit par rapport à lui-même, soit par rapport aux autres choses.

— Évidemment.

— Mais quoi ! les autres choses peuvent-elles lui être quelque chose, s'il n'y a rien qui puisse lui rien être ?

— Non.

— Les autres choses ne lui sont donc ni semblables ni dissemblables, et elles ne sont ni les mêmes ni autres que lui.

— Non.

— Mais quoi ! ces différents termes : de celui-là, à celui-là, quelque chose, cela, de cela, d'autre chose, à autre chose, autrefois, [164b] après, maintenant, science, opinion, sensation, définition, nom, en un mot, rien de ce qui est peut-il être rapporté à ce qui n'est pas ?

— Non.

— Alors l'un n'étant pas n'a absolument aucune manière d'être.

— Aucune, à ce qu'il paraît.

— Disons encore ce qui arrivera aux autres choses, si l'un n'est pas.

— Disons-le.

— D'abord, il faut que les autres choses soient de quelque manière ; car s'il n'y avait pas d'autres choses, on ne pourrait pas parler d'autres choses.

— En effet.

— Et quand on parle des autres choses, on entend par-là les choses qui sont différentes, ou bien les mots autre et différent [164c] ne signifient-ils pas la même chose ?

— La même chose.

— Ne disons-nous pas que ce qui est différent est différent de quelque chose de différent, et ce qui est autre que quelque chose d'autre ?

— Oui.

— Si donc les autres choses sont autres, il y a quelque chose relativement à quoi elles sont autres.

— Nécessairement.

— Que sera-ce donc ? car elles ne sont pas autres par rapport à l'un, si l'un n'est pas.

— Non.

— Elles sont donc autres les unes que les autres ; car il ne leur reste que cela, à moins de n'être autres que rien.

— C'est juste.

— C'est donc par la pluralité qu'elles sont autres les unes que les autres, car ce ne peut être par l'un, si l'un n'est pas. [164d] Apparemment la masse de chacune renferme une pluralité infinie, et lorsqu'on croit avoir pris la chose du monde la plus petite, on verra tout à coup, comme dans un rêve, au lieu de l'unité qu'on croyait tenir, une multitude, au lieu d'une petite chose, une chose immense, eu égard aux di misions dont elle est susceptible.

— C'est très juste.

— Ainsi ce serait par leurs masses que les autres choses seraient autres, en étant autres les unes que les autres, si elles sont autres et que l'un ne soit pas.

— Sans doute.

— Si donc l'un n'est pas, il y a plusieurs de ces masses dont chacune semblera être une, et ne le sera pas en effet.

— Oui.

— Et ces masses [164e] auront l'air de former un certain nombre, si chacune d'elles est une et qu'elles soient plusieurs.

— Assurément.

— Elles paraîtront les unes paires, les autres impaires, quoique faussement, si l'un n'est pas.

— Sans contredit.

— De même, elles semblent aussi renfermer, avons-nous dit, la plus petite quantité ; et pourtant cette quantité nous apparaît comme multiple et grande, comparativement à chacune des parties plus petites de [165a] la multitude qu'elle renferme.

— Incontestablement.

— Et chaque masse nous semblera être égale à une multitude de petites masses ; car aucune ne peut paraître passer du plus grand au plus petit sans avoir paru en venir d'abord au milieu ; et ce milieu serait l'apparence de l'égalité.

— Évidemment.

— Chaque masse n'est-elle pas limitée relativement à toute autre masse et relativement à elle-même, tout en n'ayant ni commencement ni fin ni milieu ?

— Comment cela ?

— Si l'on veut considérer quelque chose dans ces masses comme leur appartenant, on verra toujours apparaître avant le commencement un autre [165b] commencement, après la fin une autre fin encore, et dans le milieu quelque chose de plus au milieu encore, et qui est toujours plus petit, dans l'impuissance de saisir aucune de ces choses comme une, si l'un n'existe pas.

— C'est très vrai.

— Enfin, quelqu'être que l'on saisisse par la pensée, on le verra toujours se diviser et se disperser, car on ne saisira jamais qu'une masse sans unité.

— D'accord.

— A les voir de loin et en gros, [165c] chacune de ces masses paraît être une, tandis qu'examinée de près et en détail elle est manifestement une multitude infinie, puisqu'elle est privée de l'un, dès que l'un n'est pas.

— Nécessairement.

— Ainsi il faut que chaque chose autre que l'un paraisse infinie et limitée, une et plusieurs, si l'un n'est pas et qu'il y ait d'autres choses que l'un.

— Oui.

— Et ces choses ne semblent-elles pas être aussi semblables et dissemblables ?

— Comment ?

— Les figures d'un tableau vues de loin se confondent toutes en une seule et paraissent semblables.

— [165d] Oui.

— Si on s'approche, au contraire, elles paraissent plusieurs et différentes, et la diversité se manifestant, on les reconnaît pour diverses et dissemblables entre elles.

— Cela est vrai.

— De même les agrégats apparaissent comme semblables et dissemblables et à eux-mêmes et les uns aux autres.

— Oui.

— Par conséquent aussi ils apparaissent comme les mêmes et comme autres les uns que les autres, comme se touchant et comme isolés, comme se mouvant de toutes les espèces de mouvement, et comme étant absolument en repos, comme naissant et périssant et ne naissant ni ne périssant, et tout ce qu'il nous serait loisible de développer dans l'hypothèse [165e] où l'un n'est pas et où il y a de la pluralité.

— C'est très vrai.

— Enfin, revenons encore une fois au commencement, et voyons ce qui doit arriver si l'un n'est pas et qu'il y ait d'autres choses que l'un.

— Voyons.

— Nulle autre chose ne sera une.

— Non, sans doute.

— Ni plusieurs ; car l'unité serait comprise dans la pluralité ; et si aucune des autres choses n'est quelque chose d'un, toutes ne seront rien, et par conséquent il n'y aura pas non plus de pluralité.

— Soit.

— Si donc l'un n'existe pas dans les autres choses, celles-ci ne sont ni plusieurs ni une.

— Non.

— De même, elles ne paraissent [166a] ni une ni plusieurs.

— Pourquoi ?

— Parce que les autres choses ne peuvent jamais avoir absolument rien de commun avec rien de ce qui n'est pas, et que rien de ce qui n'est pas n'appartient à aucune des autres choses, car ce qui n'existe pas n'a pas de parties.

— C'est vrai.

— Donc il n'y a chez les autres choses ni opinion ni image de ce qui n'est pas, et le non-être n'est jamais ni d'aucune manière conçu comme appartenant à aucune autre chose.

— Non, sans doute.

— Alors si l'un n'est pas, rien, parmi les autres choses, ne peut être conçu [166b] ni comme un ni comme plusieurs ; car il est impossible de concevoir la pluralité sans l'unité.

— Oui, impossible.

— Donc, si l'un n'est pas, les autres choses n'existent ni ne sont conçues ni comme unité ni comme pluralité.

— Il paraît.

— Ni par conséquent comme semblables ni comme dissemblables.

— Non.

— Ni comme identiques ni comme différentes, ni comme se touchant ni comme isolées ; enfin tout ce que tout à l'heure elles nous paraissaient être, elles ne le sont pas, ni ne paraissent l'être, si l'un n'est pas.

— A la bonne heure.

— Si donc nous disions [166c] en résumé : si l'un n'est pas, rien n'est ? ne dirions-nous pas bien ?

— Très bien.

— Disons-le donc, et disons en outre que, à ce qu'il semble, soit que l'un soit ou qu'il ne soit pas, lui et les autres choses, par rapport à eux-mêmes et par rapport les uns aux autres, sont absolument tout et ne le sont pas, le paraissent et ne le paraissent pas.

— Rien de plus vrai.

* * *

www.ingramcontent.com/pod-product-compliance
Lightning Source LLC
Chambersburg PA
CBHW071215130726
47998CB00002B/756